中国民族（一）

徐 潜 主编

吉林文史出版社

图书在版编目（CIP）数据

中国民族 . 1 / 徐潜主编 . —长春：吉林文史出版社，2013.4（2023.7 重印）

ISBN 978-7-5472-1564-7

Ⅰ.①中…　Ⅱ.①徐…　Ⅲ.①中华民族–概况

Ⅳ.①K28

中国版本图书馆 CIP 数据核字（2013）第 071250 号

中国民族（一）
ZHONGGUO MINZU

主　　编　徐　潜

副主编　张　克　崔博华

责任编辑　张雅婷

装帧设计　映象视觉

出版发行　吉林文史出版社有限责任公司

地　　址　长春市福祉大路 5788 号

印　　刷　三河市燕春印务有限公司

版　　次　2013 年 4 月第 1 版

印　　次　2023 年 7 月第 4 次印刷

开　　本　720mm×1000mm　1/16

印　　张　12

字　　数　250 千

书　　号　ISBN 978-7-5472-1564-7

定　　价　45.00 元

序　言

　　民族的复兴离不开文化的繁荣，文化的繁荣离不开对既有文化传统的继承和普及。该书就是基于对中国文化传统的继承和普及而策划的。我们想通过这套图书把具有悠久历史和灿烂辉煌的中国文化展示出来，让具有初中以上文化水平的读者能够全面深入地了解中国的历史和文化，为我们今天振兴民族文化，创新当代文明树立自信心和责任感。

　　其实，中国文化与世界其他各民族的文化一样，都是一个庞大而复杂的"综合体"，是一种长期积淀的文明结晶。就像手心和手背一样，我们今天想要的和不想要的都交融在一起。我们想通过这套书，把那些文化中的闪光点凸现出来，为今天的社会主义精神文明建设提供有价值的营养。做好对传统文化的扬弃是每一个发展中的民族首先要正视的一个课题，我们希望这套文库能在这方面有所作为。

　　在这套以知识点为话题的图书中，我们力争做到图文并茂，介绍全面，语言通俗，雅俗共赏。让它可读、可赏、可藏、可赠。吉林文史出版社做书的准则是"使人崇高，使人聪明"，这也是我们做这套书所遵循的。做得不足之处，也请读者批评指正。

编　者

2014 年 2 月

目 录

蒙 古 族

　　蒙古族是一个历史悠久而又富于传奇色彩的民族。千百年来，蒙古族过着"逐水草而迁徙"的游牧生活，中国的大部分草原都留下来蒙古族牧民的足迹。蒙古族人民善于歌舞，喜爱摔跤运动，蒙古包和勒勒车是他们游牧生活的必需品，蒙古族的科学文化比较发达，在历史、文学、语言、医学、天文、地理等方面，为祖国作出了重大贡献。被誉为"草原骄子"。

一、骑射英雄马背民族

　　蒙古族是有悠久历史和灿烂文化的民族，传说中的蒙古族已有三千多年的历史；据文字记载，也有一千多年的历史了。

　　据《史集》记载，蒙古部最初只包括捏古斯和乞颜两个氏族，被其他突厥部落打败后只剩下两男两女，他们逃到了额尔古涅昆（额尔古纳河畔山岭）一带居住下来，经过四百多年的生息繁衍，部落逐渐兴盛起来，并产生了许多分支。8世纪，由于人口过多，为了更好的发展，不得不向外迁徙。在迁出的蒙古族人当中，有一位很有声望的人，名叫孛儿帖赤那，以他为首的迭儿勒勤蒙古自称为"乞牙惕氏"。"乞牙惕氏"人迁徙到了斡难河源头肯特山一带，生活方式以游牧为主。据《蒙古秘史》记载，孛儿帖赤那的十二世孙朵奔篾儿干死后，他的妻子阿阑豁阿又生了三个儿子，传说这三个儿子是感光而生的"天子"，因为他们是从阿阑豁阿洁白的腰里出生的，因此他们的后裔被称为"尼伦蒙古"。在尼伦蒙古中，以孛端察儿为始祖的孛儿只斤氏就是成吉思汗的祖先。

　　蒙古族始源于大约7世纪的唐朝望建河（今额尔古纳河南岸）的一个部落，与中国北方的东胡、鲜卑、契丹、室韦有密切的渊源关系。现代多数学者认为蒙古族出自东胡。东胡，据《史记》记载："在匈奴东，故曰东胡。"是包括同一族源、操有不同方言、各有名号的大小部落的总称。公元前209年，东胡被匈奴冒顿单于所破，1世纪末至2世纪初，匈奴为汉朝所破，东胡人的一支鲜卑人自潢水流域转徙其地，剩余的匈奴人也都自称为鲜卑，鲜卑自此强盛起来。

　　4世纪中叶，居住在潢水、老哈河流域一带的鲜卑人的一支，自称为"契丹"；居住于兴安岭以西的鲜卑人的一支则称为"室韦"。蒙古部就是室韦人的一支，这在唐朝时已有记载，称为"蒙兀室韦"。室韦与契丹同出一源，以兴安岭为界，"南者为契丹，在北者号为室韦"。

　　12世纪时，这部分人分布于今鄂嫩河、克鲁伦河、土拉河三河上源和肯特山以东一带，组成部落集团。其中较著名的有乞颜、泰赤乌、札答兰、兀良合、弘吉剌等民族和部落。当时与他们同在蒙古高原上的有游牧在今贝加尔湖周围的塔塔儿部，住在贝加尔湖东岸色楞格河流域的蔑儿乞部，活动在贝加尔湖西区和叶尼塞河上游的斡亦剌部。这三部都使用蒙古语族语言。另外，还有三个信奉景教的蒙古化的突厥部落，即占据回鹘汗庭故地周围的克烈部，以其西的乃蛮部，和靠近阴山地区的汪古部。这些部落按其生活方式和发展水平，大致分为"草原游牧民"与"森林狩猎民"两类。第一类包括久住原地过游牧生活的突厥诸部，和后来迁入受突厥影响，完成向游牧生活过渡的蒙古诸部；第二类留居森林地带，主要从事狩猎的诸部。

13 世纪初，铁木真在斡难河畔举行的忽里勒台（大聚会）上被推举为蒙古大汗，号成吉思汗，建立了大蒙古国。消除了北方草原长期存在的部落割据混战状态，促进了彼此间的往来和联系。以蒙古部落为核心，共同使用蒙古语言，使各个部落逐渐形成统一的蒙古民族共同体。蒙古国的建立，对蒙古族的形成具有很大意义。从此，中国北方第一次出现了统一各个部落而成的强大、稳定和不断发展的民族——蒙古族。于是"蒙古"开始成为民族的族称。大蒙古国随即统一了中国北方，此后在成吉思汗的率领下，不断西征，先后建立了钦察、察合台、窝阔台、伊儿四个汗国。打通了亚洲和欧洲的陆路交通线，促进了东西方文化和经济的交流。元世祖忽必烈于 1271 年建立元朝并统一全国。统一而强盛的元朝，确立了现代中国的版图，巩固和发展了我们多民族的国家。

二、洁白哈达独特风情

(一) 禁忌

献哈达

哈达，是蒙古族日常行礼中不可缺少的物品。献哈达是蒙古族牧民迎送客人和日常交往中使用的重要礼节。献哈达时，主人张开双手捧着哈达，吟唱着吉祥如意的赞词或祝词，渲染敬重的气氛，同时将哈达的折叠口向着接受哈达的宾客。宾客要站起身面向主人，同时专注地听祝词和接受敬酒。接受哈达时，受者亦应躬身双手接过，或躬身让献者将哈达挂在脖子上。宾客应双手合掌于胸前，向献哈达者表达谢意。

敬茶

到牧民家做客时，主人首先会给宾客敬上一碗奶茶。宾客要微欠起身用双手或右手去接，千万不要只用左手去接，否则会被认为是不礼貌。主人斟茶时，宾客若不想要茶，应用碗边轻轻把勺或壶嘴碰一下，主人便会明白宾客的意思。客来敬茶是一种高尚的蒙古族传统礼仪。在蒙古历史上不论是贫穷之家还是富贵之家，也不论在交际场或在家里，以及其他一切场合，莫不以茶为应酬品。家中有客来，茶是必不可少的款待物。因此，牧民们招待客人，照例是先向贵宾献上一碗奶茶。

敬酒

以酒敬客，是蒙古族待客的传统方式。他们认为美酒是五谷之结晶，食品之精华。拿出最珍贵的食品敬献，是表达草原牧人对客人的敬重和爱戴之情的方式。通常主人是将美酒斟在金杯、银碗或牛角杯中，托在长长的哈达之上，唱起动听的蒙古族敬酒歌，客人不能推让不喝酒，否则会被认为是对主人不礼貌，不愿以诚相待。宾客应随即接住酒，接酒后用无名指蘸酒向天、地、火炉方向点一下，以示敬奉天、地、火神。如不想喝酒，可沾唇示意，表示接受了主人友好的情谊。接着穿戴民族盛装的主妇会端来甘甜的奶酒款待客人，这也是蒙古族的传统礼节。而主人会用诗一般的语言劝酒："远方的客人请你喝一杯草原佳酿，这是我们民族传统食品的精华，也是我们草原人民的厚意深情。"

敬神

在蒙古民族的礼宴上有敬神的习俗。据《蒙古风俗鉴》描述，厨师把羊平均割成九块，"第一块祭天，第二块祭地，第三块供佛，第四块祭鬼，第五块给人，第六块祭山，第七块祭坟墓，第八块祭土地和水神，第九块献给皇帝"。祭天则把肉抛向蒙古包上方；祭地则抛入炉火之中；祭佛置于佛龛前；祭鬼置于包外；祭山则挂之于供奉的神树枝上；祭坟墓即祭本民族祖先，置于包外；祭水神扔于河泊；最后祭成吉思汗，置于神龛前。这种习俗可以追溯到古老的萨满教，其崇拜多种神祇。

火忌

蒙古族崇拜火、火神和灶神。他们认为火是驱妖避邪的圣洁物。所以进入蒙古包后,禁忌在火炉上烤脚、靴子和鞋子。不得跨越炉灶或脚蹬炉灶,不得在炉灶上磕烟袋、扔脏物、摔东西；不能将刀子插入火中和用刀子挑火,或用刀子从锅中取肉等。

水忌

蒙古族认为水是纯洁的神灵。忌在河流中洗手、洗脸或沐浴,更不允许洗女人的脏衣物,或者将不干净的东西投入河中。草原干旱缺水,牧民逐水草而居,没有水就无法生存。所以牧民很注意节约用水,保持水的清洁,并视水为生命之源。

其他禁忌

蒙古族人骑马、驾车接近蒙古包时忌重骑快行,以免惊动畜群；若门前有火堆或挂有红布条等记号,表示这家有病人或产妇,忌外人进入；忌食自然死亡的动物的肉和驴肉、狗肉、白马肉；办丧事时忌红色和白色,办喜事时忌黑色和黄色；禁止在参观寺院经堂、供殿时吸烟、吐痰和乱摸法器、经典、佛像以及高声喧哗,也不得在寺院附近打猎。

蒙古族热情好客,讲礼貌。主客之间有许多规矩,要谨慎遵守。主人迎客要立于门外西侧；首先献上香气沁人的奶茶,端出一盘盘洁白的奶皮、奶酪。

蒙古族

饮过奶茶，主人会敬上醇美的奶酒，盛夏时节还会请客人喝马奶酒。有些地区用手扒肉招待客人，还有一定的规矩。例如用一条琵琶骨肉配四条长肋骨肉进餐，牛肉则以一根脊椎骨肉配半节肋骨及一段肥肠敬客。姑娘出嫁前或是出嫁后回娘家都以羊胸脯肉相待，羊的小腿骨、下巴颏、脖子肉都是给晚辈和孩子吃的。接待尊贵的客人或是喜庆之日则摆全羊席。送客要送到包外或边界，要扶客人上马，目送客人走出一段后方可返回包房。

客人进蒙古包时，要注意衣着，切勿挽着袖子，把衣襟掖在腰带上；也不可提着马鞭子进去，要把鞭子放在蒙古包门的右方，并且要立着放；更不要踢打牲畜，不得骑马闯入羊群以及追打猎犬和看家犬；未经允许不要进入包房；不要称赞主人的孩子和牲畜；在包房内不要随便就坐，不能蹲，不能将腿伸向西北方或炉灶，不要吐痰，不要从主人的衣帽、枕头、被褥上跨过；出入包房不要踩踏门栏；不要用烟杆、剪刀、筷子指别人的头部；送礼品要成双，送接礼品用双手，忌用单手，更忌左手接礼；主人敬上的奶茶，客人通常是要喝的，不喝有失礼貌；主人请吃奶制品，客人不要拒绝，否则会伤主人的心。如不便多吃，吃一点也行。告辞时从左侧离开包房，出门后，不应马上上马或上车等。

（二）起名习俗

以太阳月亮星辰为名，如：娜仁（太阳）、萨仁（月亮）、敖敦（星辰）、娜仁高娃（太阳般美丽）、萨仁高娃（月亮般美丽）等；

以花草树木为名，如：萨日朗花（山丹花）、其其格（花儿）、娜布其（叶子）、海棠等；

以珠宝玉器为名，如：哈斯（玉）、塔娜（珍珠）、阿拉坦高娃（金子般美丽）等；

以理想愿望为名，如：吉雅赛音（好运）、巴雅尔（喜悦）、白音（富足）、吉日格勒（幸福）、斯琴（聪明）、乌云（智慧）、高娃（美丽）、斯琴高娃（美丽聪明）等。

按心理习惯起名，如：帖木儿、格斯儿、巴特尔等；

按婴儿出生时，长辈的年龄起名，如：宾塔（五十）、吉仁泰（六十）、达楞（七十）等；

以勇猛的禽兽名称起名，如：赤那（狼）、阿不尔斯郎（狮子）、少布（飞禽）、巴拉（虎）、部日固德（鹰）等；

按自然万物名称起名，如：阿古拉（山）、牧仁（河）、朝鲁（石头）、塔拉（原野）等；

现代蒙古族人的名字，最大特点是不带名字前缀，因而它只是名字，不应理解成姓名，也有极个别带姓氏前缀的。

三、善男信女虔诚信仰

（一）宗教

蒙古族原始的宗教是萨满教。萨满教崇拜多种自然和祖先神灵。直到元朝，萨满教在蒙古社会占统治地位，在蒙古皇族、王公贵族和民间中都有重要影响。皇室祭祖、祭太庙时，都由萨满教主持祭祀。成吉思汗信奉萨满教，崇拜"长生天"。他及其继承者对各种宗教采取了兼容并蓄的政策。流行的宗教有佛教、萨满教、道教、伊斯兰教、基督教等。蒙哥汗时期，皇族除信奉萨满教外，也奉养伊斯兰教徒、基督教徒、道教弟子和佛教僧侣，并亲自参加各种宗教仪式。元朝时也采取同样的政策。元朝时期伊斯兰教徒的建寺活动遍及各地，基督教也受到重视和保护。国师八思巴曾向忽必烈及其王后、王子等多人灌顶。随后佛教取代了萨满教在宫廷里的地位。但佛教的影响仅限于蒙古上层统治阶级，蒙古族百姓大多信奉的仍然是萨满教。

（二）祭祀

祭"腾格里"

腾格里，蒙古语意为"天"。指上层世界，即天上；指主宰一切自然现象的"先主"；还包含有"命运"的意思。祭"腾格里"是蒙古族重要祭典之一。祭天分为：以传统奶制品上供的"白祭"和以宰羊血祭的"红祭"两种祭法。近代东部盟旗的民间祭天活动，多在七月初七或初八进行。

祭火

蒙古族的牧民、猎人十分崇拜火，把火看成是长生和兴旺的象征。这是因为他们的祖先相信具有万物有灵观念的萨满教，认为火是天地分开时产生的。祭火分年祭、月祭。三天为额都仁嘎勒（即日火），三十天为萨仁嘎勒（即月火），三百六十天为吉嫩嘎勒（即年火）。月祭常在每月初一、初二举行。年祭在阴历腊月二十三举行，在长者的主持下将黄油、白酒、牛羊肉等祭品投入火堆里，感谢火神爷的庇佑，祈祷来年人畜两旺、吉祥如意、五谷丰登。此外还有很多有关火的禁忌反映蒙古族对火的崇敬，如不能向火中泼水，不能用刀、棍挑火等。

祭敖包

祭敖包是蒙古族自古流传下来的宗教习俗，在每年水草丰美时节举行。敖包又作鄂博，蒙语"石堆"的意思。古时是作为道路和境界的标志，逐渐演变为祭祀山神和路神的地方，视为神圣。敖包的种类很多，有札萨克（旗）敖包，有努图克（区）敖包，有埃勒（屯）敖包。所筑敖包均在高岗处，蒙民聚居的村屯和一些富贵者都有筑设。即在地面开阔、风景优美的山地高处，用石头堆一座圆形实心塔，顶端系有经文布条或牲畜毛角的长杆。祭祀时，供祭熟牛羊肉，主持人致祷告词，众人祈祷膜拜，祈求风调雨顺、人畜两旺。祭祀仪式结束后，常举行赛马、射箭、摔跤等竞技活动。敖包祭是蒙古族为纪念发祥地额尔古纳山林地带而形成，表示对自己祖地的眷恋和无限崇敬之情。祭敖包每年春秋两次，阴历七月十三最隆重。相传以纪念十三太保李存孝而得。祭祀时，正南置木桌设贡品，大喇嘛居正位诵经，小喇嘛分坐两旁以鼓乐伴之。诵经毕，大喇嘛站起来绕敖包自东向西行，小喇嘛跟随，围观众人也拖儿抱女相随，状如彗星。绕三周后大喇嘛将所有供物抛之，众人争食。祭祀结束后，人们开始赛马、射箭、摔跤等活动，获胜者受到奖励，并煮肉粥供观众食用。蒙古族人平时路遇敖包必下马磕头若干方可离去。在祭敖包同时，凡有老榆树的地方还要祭祀神树。

祭天

蒙古族把每年农历十二月三十晚作为祭天日。夜晚在院中燃起篝火，在桌子上摆上奶酪、奶油、奶干、白糖等四种白食，一壶白酒，一只酒杯，一个香炉。然后全家按老少辈分行跪在桌前，长者点燃三炷香插在香炉里，杯里斟满白酒，向天空洒祭，致祭天词。然后向篝火磕三个头，把四碟祭品和壶中的白酒全部倒入篝火，燃放鞭炮、祭天仪式结束。

祭山

蒙古族把自己部落境内较高而且陡些的土丘称为"神山",认为山有神灵,能保佑人畜平安,如杜尔伯特旗主要祭多克多尔坡;郭尔罗斯后旗祭祀四房山等。祭山没有统一固定的日子,一般是在遭灾或人畜染病时,选"吉祥"日子祭山,祈求保佑平安。祭品根据家境不同而有所不同,有的宰黑色马,以马头为祭品,或用奶油和荞面做马头代替;有的用猪头、羊头或奶干、奶酪、奶豆腐等白食做祭品。

祭佛

灯在蒙古语中叫"明安珠勒"。每年农历十月二十五,为千佛灯节。晚间掌灯后,全家人围坐在一起,用荞面做佛灯。一盘佛灯有 33 个、77 个、99 个、108 个不等,同时还做些灯放在窗台、门框、马圈、牛栏、勒勒车上。把佛灯全部点着,全家人坐在灯旁观看,有的给佛灯磕头,祈求日子红火兴旺、平安幸福。

祭星星

旧时蒙民视星辰为神,每年正月初七是祭星日。祭时由本村首领"屯达"主持,请喇嘛诵经。喇嘛用芝麻油和面粉制成小人、灯、塔、碗等物,其中以灯为最多,希望这样可以从黑暗中寻求光明,迷途中找到方向。酉时前后在大街上放一张桌子,大喇嘛手捧面制物诵经,并点燃所有面灯,令一人站在桌上鸣放鞭炮,等到高潮之际,大喇嘛将面制品抛落于地后进屋内继续诵经,诵毕即结束。此祭祀方式建国前已经消失。

祭成陵

祭成陵,也就是祭祀成吉思汗陵。祭祀分月祭和季祭两种:月祭日是农历每月一日、三日;春祭是三月二十一日,夏祭是五月十五日,秋祭是八月十二日,冬祭是十月三十日。每到祭日,蒙古族人便带上牛、羊、酒、奶油、哈达等祭品,前往伊克昭盟(现鄂尔多斯市)境内的成吉思汗陵祭祀。因北方的蒙古族人距离成陵较远,所以只以努图克或户为单位在当地进行祭祀。在成吉思汗的画像前摆好祭品,全家跪拜。一般只实行春祭,祭祀日禁止一切娱乐活动。

祭吉雅琪

吉雅琪被蒙古族奉为牲畜的保护神。传说吉雅琪是一位老牧人，临死时不肯瞑目。过了几个月，牲畜大批死亡。人们就到吉雅琪墓地上供、祭祀，并把他的像画在毡子上挂在墙上，让他永远看着牲畜，从此草原牲畜兴旺。

祭宝木勒

宝木勒意为下凡，引申为神。传说有个叫郝布拉特的人，在天庭偷杀了天帝的神牛，并吃了牛肉。天帝发现后派天将捉拿郝布拉特，郝布拉特为应付天帝，将牛骨说成是宝木勒（神）分给牧民供奉。人们供奉后，人畜兴旺。从此，宝木勒被人们视为吉祥神。

四、敖包相聚同庆佳节

春节

　　蒙古族过去把春节称为"白节"，如今，将农历正月叫做"白月"。这是因为蒙古族崇尚白色的缘故。传说与奶食的洁白有关，含有祝福吉祥如意的意思。"白节"是一年之中最大的节日。节日的时间和春节大致相符。除夕那天，家家都吃手把肉，还要包饺子、烙饼。昼夜灯火不灭，晚饭前要祭祀祖先，之后全家人共进晚餐，按常规要多吃多喝，而酒肉剩得越多越好。这样象征着新的一年会富足有余。除夕晚辈要向长辈敬"辞岁酒"。晚饭后，举行下棋、说书、跳舞等活动。初一的早晨，早早起床，在门外放供桌和供品，向日出的方向磕头拜天。之后回到屋内向神佛像上香磕头。家族亲友开始互相拜年，直到"白月"十五或月底才结束。整个白月期间，草原上的男女青年纷纷骑上骏马，带上洁白的哈达和香甜的美酒等，三五成群，挨家挨户给各浩特（定居点）的亲友、家长拜年。拜年的路途，是青年男女赛马、追逐、嬉戏的绝好机会。身临其境的人都能感到马背民族不拘一格的生活情趣和粗犷豪迈。

那达慕大会

　　"那达慕"是蒙古族最盛大的节日。"那达慕"是蒙古语的音译，是游戏、娱乐的意思。每年夏、秋季节举行。大会期间，各地农牧民骑着马、赶着车，带着皮毛、药材等农牧产品，成群结队地汇集于大会的广场，并在会场周围的绿色草地上搭起白色蒙古包。"那达慕"在蒙古族人民的心中，古老而又神圣。它有着悠久的历史。最早记载"那达慕"活动的是 1225 年用畏兀儿蒙文铭刻在石崖上的《成吉思汗》。在这篇石刻中说：成吉思汗为了庆祝征服花剌子模的胜利，在布哈苏齐海举行了一次盛大的"那达慕"大会。会上举行了射箭比赛，他的一个侄儿在距离三百三十五庹（成人两臂平伸的长度，每庹约五尺左右）远的地方射中了目标。另外，在《蒙古秘史》中也有

中国民族（一）

几处提到过射箭比赛。后来，凡牧马较多的部落举行"那达慕"大会时，都要进行赛马。摔跤则更为普遍，一般的"那达慕"大会，多以摔跤比赛为主。

元明两代，射箭、赛马和摔跤比赛结合一起，从此形成男子三项"那达慕"大会比赛的固定形式。当时的"那达慕"祝颂词中说："得心应手的马头琴声，悠扬动听；洁白无瑕的哈达，闪闪发光；传统的三项'那达慕'，接连不断；蒙古族力士，整队上场。"

"那达慕"大会一般在农历七八月举行。每逢此时，牧民们不分男女老少，都穿上节日的盛装，骑马坐车从四面八方赶来。大会上，进行被称为"男儿三艺"的射箭、摔跤、赛马等传统体育比赛。此外，还有各种棋艺比赛和各式各样的歌舞表演。"那达慕"一般要进行五至七天。摔跤是那达慕的主要内容，摔跤手可多可少，最多达一千余人，且不受地区和体重的限制。蒙古族在历史上非常器重"达尔罕摔跤手"，这是终身的荣誉。在授予光荣称号的仪式上，获"达尔罕"称号的摔跤手，穿上比赛的服装，三唱摔跤歌后跳跃进场进行表演。由主持大会的领导者发给证章、证书和纪念品，并按民族习惯请他喝一碗奶酒和鲜奶。此时，获"达尔罕"者挑选一名最有前途的摔跤手，把自己的摔跤服脱下来赠与他，然后互相拥抱，一齐跳跃出场。解放后，"那达慕"又增添了不少新内容，如田径、球类比赛、文艺演出、图片展览、放映电影、交流生产经验等，成为蒙古族人民喜爱的盛会。

祭敖包节

"敖包"是蒙古语音译，又作"鄂博"、"脑包"等，汉语的意思为"堆子"。敖包一般建于地势较高的山丘之上。多用石块堆积而成，也有的用柳条围筑，中间填沙土。一般呈圆包状或圆顶方形基座。上插若干幡杆或树枝，上挂各色经旗或绸布条。包内有的放置五谷，有的放置弓箭，有的埋入佛像。敖包的大小、数量不一。一般的多为单个体，也有七个或十三个并列着构成敖包群的，中间的主体敖包比两侧或周围的要大些。"敖包"原是指在游牧交界之处及道路上用石块或泥土堆积起来以作标记的石堆或土堆。后来逐渐被视为神灵的居所，被作为崇拜物加以祭祀和供奉，每逢路过，远远地就要下马叩拜。祭敖包就是祭祀山川草木，祈求山神、路神保佑丰收、平安。祭敖包会每年举行一次，时间各地有所不同，但一般在农历四五月择吉日进行。届时，本苏木、本旗甚至附近旗县的群众都携带着哈达、全羊肉、奶酒和奶食品等赶来敖包处。先献上哈达和供祭品，再由喇嘛诵经祈祷，众人跪拜，然后往敖包上添加石块或以柳条进行修补，并悬挂新的经幡、五色绸布条等。最后参加祭祀的人都要围绕敖包从左向右转三圈，祈神降福，保佑人畜两旺。祭祀仪式结束后，还常常举行赛马、摔跤、射箭、唱歌、跳舞、投布鲁等活动。

马奶节

马奶节是内蒙古自治区锡林郭勒盟部分地区蒙古族牧民的盛大节日，每年农历八月末举行。为期一天。农历八月，是锡林郭勒盟草原的"黄金季节"，到处是牛羊欢叫，骏马嘶鸣。牧民们为了祈愿健康、幸福和吉祥，以洁白的马奶命名节日。节日前的一两天，大队就派人到各个牧民点通知，并忙着宰杀牛羊，准备奶酪、奶干、奶豆腐、奶油，煮好手把肉，酿好马奶酒，以便招待前来参加节日活动的牧民和客人。节日清晨，男女老少或骑马，或坐车，前往露天会场，按规定地点就座。庆祝节日开始时，主持人向客人敬献马奶酒和礼品，祝愿大家节日愉快。然后在人们轻声哼出的歌声中，朗诵马奶节的献诗，琴师们拉起扎有彩头的马头琴，歌手们纵情歌唱出节日的献歌，然后举行赛马活动。赛马时，骑手们头缠彩巾，身扎腰带，脚蹬马靴。一声信号枪响，健儿们飞身上鞍，扬鞭策马，你追我赶，欢呼声响彻草原，周围的人们竞相向骑手们喝彩。参加比赛的骏马，全是两岁的小马，象征着草原的兴旺和蓬勃，也唤起人们对马奶哺育的感情。赛马结束后，人们又围成圆圈展开各种文体活动。有的摔跤，有的拔河，有的打布鲁，有的在马头琴的伴奏下，唱歌跳舞……节日活动持续一整天。

鲁班节

鲁班节是云南省通海县西城一带蒙古族人民的传统节日，每年农历四月初二举行。居住在这里的蒙古族人民从其他民族那里学会了建筑技术。他们修建的房屋，不仅造型别致、美观，而且经久耐用，颇受附近各族人民的称赞。为了纪念和庆祝在土木建筑方面取得的成就，他们就把农历四月初二定为鲁班节。节日这天，外出的泥匠、木匠、石匠，无论路途远近都要赶回家里来欢度节日。各村寨都要杀猪宰羊，搭台唱戏。人们还把檀香木雕刻的鲁班像抬着，敲锣打鼓，游至各村寨，然后，大家唱歌跳舞，场面十分活跃。节日后，各村寨忙着收小麦、犁田插秧。

蒙 古 族

五、绚丽服饰美观实用

蒙古族服饰具有浓厚的草原风格。因为蒙古族长期生活在塞北草原，蒙古族人不论男女都爱穿长袍。牧区冬装多为皮衣，也有绸缎、棉布衣面者。夏装多为布类。

男子腰带多挂刀子、火镰、鼻烟盒等饰物。喜穿软筒牛皮靴，靴长及膝。农民多穿布衣，有开衩长袍、棉衣等，保留着扎腰的习俗。男子多戴蓝、黑褐色的帽子，也有的用绸子缠头。女子多用红、蓝色头帕缠头，冬季和男子一样戴圆锥形帽。衣袖上绣有花边图案，上衣高领。喜欢穿三件长短不一的衣服，第一件为贴身衣，袖长至腕；第二件外衣，袖长至肘；第三件无领对襟坎肩，钉有直排闪光纽扣，闪闪发光格外醒目。未婚女子把头发从前方中间分开，扎上两个发根，发根上面带两个大圆珠，发梢下垂，并用玛瑙、珊瑚、碧玉等做装饰。

蒙古袍是蒙古族人民为适应牧业生产和自然环境而创制的一种古老的传统服装。衣领、衣襟、袖口都有彩色的镶边。衣扣多用绦子绣制或缀以特制的扣子。从右方开襟，左方多不开衩。男式长袍一般用深蓝色、海蓝色或天蓝色的衣料制作；女式长袍多用红色、绿色或黄色的绸缎制成。蒙古袍按季节分为单袍、夹袍、棉袍和皮袍。年轻的牧人穿上长袍和马靴，紧扎腰带，更显得魁梧、剽悍；姑娘穿上蒙古袍，腰间系红色或绿色的绸带，衬托出苗条的身材和青春的活力。

蒙古靴子分布靴、皮靴和毡靴三种，根据季节选用。布靴用高级布料或大绒制作，靴头和靴筒上往往以金丝线绣花。图案新颖艳丽，具有浓厚的民族特色。毡靴用羊毛模压而成。蒙古靴是蒙古族人民在长期的劳动生产和日常生活中创造出来的，非常适应自然环境。骑马时能护踝壮胆，容易勾踏马蹬；行路时能防沙防害，减少阻力，又能防寒防蛇。

蒙古族摔跤服是蒙古族传统服饰工艺。摔跤比赛的服装包括坎肩、长裤、套裤、彩绸腰带。坎肩袒露胸部。长裤宽大。套裤上图案丰富，一般为云朵纹、植物纹、寿纹、五蝠（福）捧寿等。图案色彩对比强烈，显得粗犷有力。内裤肥大，用十米长布制成，利于散热，避免汗湿贴于体表；也适应摔跤角力运动特点，使对手不易使用缠腿动作。套裤用坚韧结实的布或绒布缝制。膝盖外用各色布块拼接组合缝制图案，图纹大方庄重，表示吉祥如意。服装各部分配搭恰当，浑然一体，具有勇武的民族特色。

六、奶茶飘香全羊鲜美

　　蒙古族富有特色的食品很多，例如烤羊、炉烤带皮整羊、手把羊肉、大炸羊、烤羊腿、奶豆腐、蒙古包子、蒙古馅饼等。"手把羊肉"是蒙古族人传统的食品之一。做"手把羊肉"必须选用膘肥肉嫩的羊，就地宰杀，剥皮入锅，放入作料，进行蒸煮，色、香、味俱佳，是蒙古族待客的美味佳肴。因为不用筷子，而直接用手，所以叫做手把肉。民间还有：稀奶油，蒙古族常备奶制品；奶皮子；煺毛整羊宴，是蒙古族传统招待宾客的宴席，祭祀活动时也常用；熟烤羊，是内蒙鄂尔多斯地区风味菜肴；新苏饼，是蒙古族民间传统糕点。

　　蒙古族牧民一日食三餐，每餐都离不开奶与肉。以奶为原料制成的食品，蒙古语称"查干伊得"，意为圣洁、纯净的食品，即"白食"；以肉类为原料制成的食品，蒙古语称"乌兰伊得"，意为"红食"。蒙古族的饮食习惯为先白后红。白指白食，乳及乳制品；红指红食，肉及肉制品。这种称呼极富色彩感和生动性。蒙古族人以白为尊，视乳为高贵吉祥之物。如果夸你心地像乳汁一样洁白，你就得到了最高的奖赏。不论大小宴席，都用白食开宴。主人端来一只盛奶的银碗，按照辈分年龄，让客人一一品尝，这是一种神圣的礼节。

　　蒙古族除食用最常见的牛奶外，还食用羊奶、马奶、鹿奶和骆驼奶，其中少部分作为鲜奶饮料，大部分加工成奶制品，如：酸奶干、稀奶油、奶油渣、酪酥、奶豆腐、奶皮子、奶油、奶粉等，可以在宴席上食用，也是老幼皆宜的零食。奶制品一向被视为上乘珍品，如有来客，首先要献上，若是小孩来，还要将奶皮子或奶油涂抹其脑门，以示美好的祝福。

　　蒙古族食用肉类主要是牛、绵羊肉。羊肉常见的传统食法就有全羊宴、嫩皮整羊宴、煺毛整羊宴、烤羊、烤羊心、炒羊肚等七十多种。最具特色的是蒙古族烤全羊、炉烤带皮整羊或称阿拉善烤全羊，最常见的是手把羊肉。蒙古族吃羊肉喜欢清煮，煮熟后即食用，以保持羊肉的鲜嫩，在做手把羊肉时忌煮得过久。但内蒙东部，蒙汉杂居地区的蒙古族也喜食煮时加作料，并把肉煮成酥烂的手把羊肉。对于牛肉，大都在冬季食用。有做成全牛肉宴的，但更多的是清炖、红烧、做汤。为便于保存，还常把牛、羊肉制成肉干和腊肉。有的还把牛蹄筋、鹿筋、牛鞭、牛尾烹制成各种食疗菜肴。

西部地区的蒙古族还有用炒米做"崩"的习俗。用炒米做"崩"时加羊油、红枣、红糖、白糖拌匀，捏成小块，就茶当饭。未经蒸炒的糜子多用来与肉丁煮成粥，糜粉可以烙饼；面粉制作的各种食品在蒙古族日常饮食中也占有一定的比例，最常见的是面条和烙饼，还有用面粉加馅制成别具特色的蒙古包子、蒙古馅饼及糕点等。

蒙古族每天都离不开茶，几乎都有饮奶茶的习惯，除此之外还饮红茶，蒙古族人每天早上第一件事就是煮奶茶，煮奶茶最好用新打的干净水。奶茶里有时还要加黄油、奶皮子、炒米等，其味香甜可口，是含有多种营养成分的滋补饮品。蒙古族还喜欢将很多植物的果实、叶子、花都用于煮奶茶，煮好的奶茶风味各异，有的还能防病治病，促进身体健康。

大部分蒙古族都能饮酒，所饮用的酒多是白酒和啤酒，有的地区也饮用奶酒和马奶酒。蒙古族酿制奶酒时，即先把鲜奶入桶，然后加少量的比一般酸奶更酸的嗜酸奶汁作为引子，每日搅动，经过三四天，待奶全部变酸后，即可入锅加温，锅上盖一个无底木桶，大口朝下的木桶内侧挂上数个小罐，再在无底木桶上坐上一个装满冷水的铁锅。酸奶经加热后蒸发遇冷铁锅凝成液体，滴入小罐内，即成为头锅奶酒，如度数不浓，还可再蒸第二锅。每逢节日或客人朋友相聚，蒙古族人都拿出美酒豪饮。

七、房屋可载冬暖夏凉

"敕勒川，阴山下，天似穹庐，笼盖四野……"这首千古流传的《敕勒歌》中所提到的"穹庐"，就是蒙古族特有的典型的建筑形式——蒙古包。说到蒙古包，不能不提及这个名称的由来。实际上，自古以来蒙古族人和其他一些民族称这种房子为"格日"，而到了17世纪，因为满族人叫格日为"蒙古包"（"包"是满语，房屋之意），蒙古包这个名称被广泛接受。至今草原牧民一般不说"Mongol ger"（蒙古包）而仍然沿用"格日"的旧称谓。古时，汉族称蒙古包为"穹庐""毡幕""毡帐""毡房""毡包"。这种建筑不需要土坯和砖瓦，也不用金属，只需要少量的木材、毡子和皮条就能做成，它把建筑房屋对自然资源的消耗降到了最低点。蒙古包是由套瑙、乌尼、哈那、毡墙和门组成的。天窗，蒙古语称"套瑙"，位于蒙古包顶中央，它可以排烟、通气、照明、采光。乌尼，即蒙古包顶部的伞形骨架。哈那，即蒙古包的木制骨架。搭包时，各部分连接固定后，除天窗外，其余部分都用围毡覆盖，用马鬃马尾绳拴好拉紧即可。门框为木制，门帘用柳条和马鬃、马尾绳编织。贫苦牧民的蒙古包由四个哈那或六个哈那组成。富裕牧民的蒙古包由六个哈那或八个哈那组成。王公贵族的蒙古包由十个哈那组成，能容纳五六十人。蒙古包的独特造型，使其具有了计时功能，这是蒙古包与其他任何居室相区别的一大特点。蒙古族人把蒙古包的天窗制作成日月形，乌尼杆围绕天窗形成光芒四射状。这种独特的造型不仅反映蒙古族对日月的崇拜，同时也反映出他们早已认识和掌握了蒙古包的计时功能。早期的蒙古包一般由四个哈那组成，每个哈那可安装十四根乌尼，四个哈那共安装五十六根乌尼，再加门框上安装的四根乌尼，一个蒙古包总共

有六十根乌尼杆，围绕天窗的六十根乌尼杆形成三百六十度角。蒙古包的这种角度分配方法完全与现代钟表相一致。日出到日落，阳光从天窗射入蒙古包内，每天的光线在包内顺时针绕一周，牧民根据太阳光线照射的不同位置，把一昼分为12-14个小时，而且对每小时给予了准确的命名，以便准时安排生产和生活。

蒙古包是蒙古族人民智慧的结晶，它有着独具的特点。首先，它非常适合蒙古高原的自然环境。蒙古族包顶圆中有尖，中间宽大浑圆，下面是准圆形，使草原上的沙暴和风雪，

受到蒙古包的缓冲以后,会在它后面适当的距离,形成一个月形的缓坡堆积下来。这是因为蒙古包没有菱角,光滑溜圆,呈流线型形状。包顶的拱形结构承受力很强,形成一个强固的整体。大风来时,承受巨大的反作用力。上面的沙子流走了,下面的沙子在后面堆积起来。坚固的蒙古包,可以经受住十级大风。蒙古包还能经得住

草原上的大雨,这归功于它的形态构造。雨季蒙古包的架木要相对搭得"陡"一些,再把顶毡盖上,雨雪很难侵入。包顶又是圆的,雨水只能从顶毡上顺着流走。蒙古包承受两三千斤的压力,是很寻常的事。蒙古包之所以能承受这么大的压力,是因为蒙古族人很懂得力学知识,架木制造得十分科学,把压力都分担了。蒙古族地方自古奇寒,然而蒙古族人世世代代居住蒙古包,却都觉温暖舒适。这是因为包内有火,牛羊的粪就是最好的燃料。而且冬天毡包外面加厚,里面又绑毡子一层,隔风性能非常好。蒙古包冬暖夏凉。因为它外表是球体,通体发白,有较好的反光作用。其背面还可以开风窗,有良好的通风效果。

其次,蒙古包适合游牧生活。蒙古族是游牧民族,从事游牧生产,蒙古包的应运而生,给自由迁徙带来了极大的方便。搭盖迅速、拆卸容易是蒙古包的一大特点。搭盖蒙古包,任何季节、任何地方都可以进行。只要符合"逐水草而居"的要求就可以。因为蒙古包是一种组合式的房屋,各个部件都是单独的,一个人都可以搭盖。只需生火熬茶的一段时间,蒙古包就搭起来了。拆卸蒙古包,比搭盖更容易。围绳、带子都很容易解开。带子一解开,毡子和架木就自动分离。哈那、乌尼都是分根分片的,几下就可以拆卸开并折叠起来。装载方便、搬迁轻便是蒙古包的另一特点。蒙古包的架木——哈那、乌尼、套瑙、门都是分开的。外面覆盖的顶毡、围毡都是单个的,很容易将其举起来放在车上。蒙古包用骆驼驮运,用车装载,都特别适合。除了套瑙以外,架木全用轻木头做成,以便搬迁时轻便易行。蒙古包自古以来就是为游牧经济服务的,除了必要的生活用品,没有多余的东西。如果是有钱人家,就把东西放在勒勒车里,去什么地方都很方便。一般的人家,有两三峰骆驼或两三辆勒勒车就行了。放牧也好,打仗也好,都是连家一起走的。所以蒙古语有一个习惯的说法,把"家园"称为——格日特日格(家车)。

蒙
古
族

八、民间乐舞热情粗犷

（一）乐器

马头琴

是蒙古族最具特色的传统乐器。又名"胡兀儿""胡琴""马尾胡琴""莫林胡兀儿"等。为擦弦类弦鸣乐器。因琴杆上端雕有马头为饰而得名。它由共鸣箱、琴杆、琴头、弦轴、马子、琴弦和拉弓等部分组成。共鸣箱多为梯形，也有方形、长方形、六角形、八角形的。箱框板用硬质木板制作，两面蒙以马皮或牛皮、羊皮，也有正面蒙皮、背面蒙以薄板的。琴杆用色木、梨木或红木等制作，上部左右各有一个弦轴，顶端为琴头。拉弓多用藤条或木杆与马尾做成，两条琴弦分别用四十根（里弦）和六十根（外弦）左右马尾合成，两端用丝弦结住，系于琴上。马头琴的演奏方法与其他拉弦乐器不同，它的弓不是夹在琴的里外弦之间，而是在两弦外面擦弦拉奏的。多用作独奏或自拉自唱。其发音柔和、浑厚低沉，音色悠扬醇美，富有草原特色，因而有人形容说："对于草原的描述，一首马头琴的旋律，远比画家的色彩和诗人的语言更加传神"。

雅托克

即蒙古筝。蒙古筝与中原流传的古筝在构造和技法上基本相同,只是流行于内蒙古的古筝所奏的乐曲均为蒙古族民歌和器乐曲。

火不思

在明朝文人笔下,火不思有各种译法,如琥珀槌、胡博词、虎拨思儿之类。元、明时代的蒙古族人,上至可汗大臣,下至普通武士,均能自弹火不思唱歌舞蹈。正统十四年,"也先每宰马设宴,必先奉上皇酒,自弹虎拨思儿,唱曲,命达区别子齐声合之"。火不思不仅在蒙古草原上流传,明代的中原地区也很盛行。不仅北人善弹火不思,内地汉族人民也对此喜闻乐见。

口琴

又称口弦、口簧,铁制拨奏体鸣乐器。蒙古语称之为"特木尔·胡尔"。蒙古族人素有弹奏口弦的习俗,尤以妇女为甚。明代以来,口弦在蒙古族音乐中的作用更加突出,被纳入了宫廷乐队。

四胡

又名四股子、四弦或提琴。蒙古族称之为呼日。是北方民族共同使用的一种古老的弓弦乐器。主要流行于内蒙古地区,其他如山西、陕西、河北、河南及四川等地也见流行。其四根弦发音是成双的,两匹弓毛分别夹在一二、三四弦之间,张丝弦或金属弦。四胡不仅能演奏单旋律,同时也能演奏较简单的和声音程与复调旋律。

舞蹈

安代

蒙古族传统民间歌舞。是古代"踏歌顿足""连臂而舞""绕树而舞"等集体舞形式的演变和发展。安代的表演形式,在场地中间几十人、上百人不等,围成大圆圈,圈里由两名歌舞能手对歌对舞,众人呼应踩脚、甩动衣襟伴舞伴唱,形成热烈,欢腾的场面。解放后广大舞蹈工作者通过搜集、整理、改编、创新,使古老的安代发展为反映生活,表现时代的新的艺术形式。形式基本有两种:一种是在广场上自娱性的集体舞,一种是在舞台上表演性的。

萨吾尔登

是新疆蒙古族最主要的民间舞蹈,在各地蒙古族居区广为流传,深受广大人民的喜爱。新疆蒙古族无论男女老少,几乎人人都会跳萨吾尔登。萨吾尔登既是新疆蒙古族民间舞曲和歌舞曲的曲牌名称,同时又是民间舞蹈的统称。萨吾尔登常在节日庆典、男婚女嫁、迎宾送客的家宴等娱乐活动时跳。活动场地及人数不限,一般是在毡房和毡房附近的草地上进行。萨吾尔登分徒手跳、持具跳、载歌载舞跳和对歌对舞跳几种形式。

顶碗舞

鄂尔多斯蒙古族从元代承传下来的传统民间舞蹈。形式新颖,气质高雅,风格独特,动作优美,具有浓郁的民族特点。在整个蒙古族民间舞蹈发展史上占据重要的位置。能歌善舞的鄂尔多斯蒙古族人在喜庆佳节的聚会上一人或两人头顶茶杯或碗状小油灯，碗里盛满清水或奶酒；双手各拿两个酒盅或一束竹筷在歌声中翩翩起舞。顶灯、顶碗舞的动作没有固定的套数，掌握好基本动作和击盅、打筷子的规律之后，舞者现场即兴发挥，情绪越激昂，动作、舞姿的变化越丰富多彩，充分展现出舞者的技艺、智慧和民间舞蹈丰富、灵活、多变的特性。

筷子舞

具有代表性的传统民间舞蹈形式之一。表演者两手各握一把筷子，手持筷子的细头，击打筷子的粗头。动作有双手胸前交叉击打筷子，也可击打双肩；双手腹前交叉击打筷子；双手胸前击打筷子，接一手打肩一手交叉打腿；一手打肩一手转圈打击地面蹲转；双手胸前打筷子接一手顺着打腿，再双手胸前打筷子接一手交叉打肩等。脚下舞步有平步行进与后退，亦有点地步行进后退，或各种转和跳跃动作随舞者即兴而做。慢舞稳重深沉，快舞则潇洒矫健。情绪高昂时筷子绕身飞舞，可在各种动作上击打身体的各部位，场面轻松热烈。筷子舞凝结着蒙古族人民热爱生活的情意和美化生活的智慧，是蒙古族人民精神生活的组成部分。

盅子舞

流传于鄂尔多斯的一种舞蹈。每逢佳节、喜庆欢宴之际，人们在酒足食盛之时，拿起桌子上的酒盅舞蹈起来，以表达喜悦之情。每一只手持两个盅子，击打出各种快、慢、碎、抖等声音，随着音乐舞动的双手用盅子击打出各种节奏。动作有双手横绕八字，上身随左右八字（阿拉伯文字）亦左右摆动；双手上、下、左、右十字形击盅，身体随手上下起伏；双手由里向外或由外向里划圈；双手向舞台位置的二点或八点抖盅，身体随手起落，脸和视线与手呈反方

向，盅伸向哪一侧，哪一侧的耳朵便随身探过去听盅声；绕圆动作——一手在头上方，另一手在身前侧由里向外绕圈；双手从身后向一旁慢慢摆出，动作范围在胯旁为小，在身体的正旁为中，一手至头上一手在腰后为大，依次左右做即谓横摆扭动律。在一些动作的末尾或两个动作衔接之际常有漂亮的华彩动作出现，可谓精彩。下身动

作有双腿跪着，也有迂回步等各种舞步伴之。头可顶碗，也可顶灯。舞得端庄质朴，韵味持稳雄浑，刚柔相济。

托普修尔乐舞

巴拉特蒙古用蒙古语称跳民间舞为"贝?贝伊勒"，汉语意为身体的律动。居住在新疆维吾尔自治区和内蒙古自治区阿拉善盟的巴拉特蒙古四大部落：准格尔、土尔扈特、杜尔别特、和硕特，每一个部落都有极其丰富的民间舞蹈，他们有一种古老的两根弦的弹拨乐器名叫托普修尔，按巴拉特蒙古的习俗，托普修尔一响必随之贝?贝伊勒，贝?贝伊勒必在托普修尔的乐声中进行，故此，巴拉特蒙古民间舞蹈又称托普修尔乐舞。托普修尔乐曲较完整保存下来的有 12-17 支曲，按内容分，每一支曲都有各自的名称及不同的动作和跳法，如黑吉马、育老人、慢撒布尔登等。巴特拉蒙古民间舞所反映的生活内容有表现劳动的，如剪羊毛、赶毡、挤奶等；有表现日常生活的，如梳头、照镜、戴头饰等；有模仿飞禽走兽的，如鹰展翅、山羊跑跳、走马、骆驼步等；有模拟自然景物的，如水波、水浪、草浪等。形式上分徒手与带道具两种，带道具的有顶碗的和双手各拿一双筷子跳的。手拿托普修尔边弹边跳，其动作中除硬肩、耸肩、转身之外有反弹托普修尔的舞姿和动作。跳法有达勒勒恩贝伊勒（招手式，指提压腕动作）、敖德勒恩贝伊勒（缠绕式跳，指绕臂动作）、阿查贝伊勒（托重而跳，指甲用双腿抱住乙的腰部，乙托着甲，二人面对面跳），整个舞蹈贯穿绕围动律，双膝微微颤动，典型动作有硬肩、耸肩、压提腕、抖手、绕臂，在二人、三人和多人的对舞中，动作即兴随意可千变万化。

角斗

流传在自治区以摔跤之乡著称的锡林郭勒草原的一种模拟性舞蹈。由一个人表演两个人摔跤的生龙活虎般的拼搏动态，而且表现得比生活中的摔跤还要生动、灵巧、幽默、滑稽，所以深受群众的喜爱。表演者要穿特制的服装，身着蒙古袍的两个小假人摆好摔跤姿势（抱腰状）缝在一起，使两袍子是筒状套在身上，扎好腰带，上身向前弓腰一百八十度，两个贴在一起的假头正好顶在腰背上，用套上马靴的双手当做其中一人的双脚，在歌声或鼓点中做摔跤的各

蒙古族

种抱、踢、蹁、钩等技巧。

圈舞

蒙古族民间流传的舞蹈。由两脚交替悠晃步，粗犷奔放的跳踏步，明快潇洒的下身或侧身跑跳步等几种动作组成。舞者有甩手、与人背后拉手、众人手拉手，围着圆圈跳舞等动作，所以通常人们又称布里雅特民间舞蹈为圈舞。慢板跳得柔和抒情，快板跳得欢快敏捷，跳跃性强。体现了民风的淳朴，感情热烈豪放。

牛斗虎舞

流行于内蒙古赤峰市翁牛特旗一带，距今已有二百年历史。舞蹈由四个人表演，一人顶牛头，一个顶牛尾，一人扮虎形，一人扮樵夫。全套舞蹈分四段表演。先由牛、虎、樵夫出场亮相，牛虎相搏，牛虎卧场小憩，牛、虎、樵混舞激战等。动作凶猛激烈，形象逼真。整套舞蹈将牛的倔强，虎的凶猛和樵夫的机智表演得淋漓尽致。

摔跤舞

流行于内蒙古锡林郭勒草原。是一种模拟性面具舞。由一人表演两个人摔跤的拼搏场面。舞蹈动作生动、灵巧、幽默、滑稽。表演者身背一长型木制架，架上用布缝制两个木偶形象的摔跤手，两者身着各色官服，头戴雁翎缨帽，两只假臂相互紧抱，各做摔跤状；木架下遮布幔，用套上马靴的双手当做脚，四肢踏地，四靴靴尖相向。饰者随鼓乐节奏，摔打起舞。表演动作主要有抱、踢、钩、蹁等。

九、名人巨著千古流传

（一）巨著

13世纪初，蒙古族创制了自己的文字。此后，各种形式的历史、文学作品相继问世，有些一直流传至今。其中，历史著作以《蒙古秘史》《蒙古黄金史》《蒙古源流》最为著名，被称为蒙古族的三大历史巨著。

《蒙古秘史》

又称《元朝秘史》《元秘史》，蒙古语为《忙豁它纽察脱卜察安》，作者不详。约成书于13世纪中叶，具体年代有戊子（1228）、庚子（1240）、壬子（1252）、甲子（1264）之说，尚无定论。是蒙古民族第一部用蒙古文写成的历史和文学巨著。全书共二百八十二节，有十二卷和十五卷两种分法。这部编年体史书，根据古代蒙古族人民世代相传的口头故事，生动地记述了12世纪以前发生在蒙古草原，包括成吉思汗先世的动人传说在内的种种事件，同时如实地叙述了当时蒙古社会政治经济状况、阶级关系，以及成吉思汗的生平事迹，窝阔台时期的史实等。该书充分肯定和高度赞扬了成吉思汗统一蒙古各部的伟大业绩，歌颂了新兴的蒙古汗国，是研究蒙古族早期历史、社会、风俗、语言文学的宝贵资料，一直深受中外学者的关注与重视。

《蒙古黄金史》

亦译称《蒙古黄金史纲》《阿勒坦?托卜赤》。为别于无名氏的《黄金史纲》，俗称《大黄金史》。蒙古族编年史，由蒙古族学者罗卜藏丹津著。成书于明末清初，是一部承上启下的较为完整的古代蒙古史书，书中记述了蒙古族从古代至明末清初的历史，书的前半部转录了《蒙古秘史》全书二百八十二节中的二百三十三节，补充了蒙古族兴起前后的一些历史和其他内容。后半部主要利用了无名氏的《黄金史纲》等书，对窝阔台之后至明末清初的蒙古史作了较为完备的记述和补充。由于作者笃信佛教，书中充满了浓厚的佛教色彩。但仍不失为研究蒙古史，特别是明代蒙古史的重要著作。

《蒙古源流》

蒙古族编年史。清朝康熙元年（1662）由鄂尔多斯部蒙古族学者萨囊彻辰用蒙文著成，乾隆四十一年（1776）喀尔喀亲王成衮扎布把家传手抄本进献清高宗，次年奉敕译成满文，后又由满文译成汉文，定名为《钦定蒙古源流》，简称《蒙古源流》。全书共分为八卷，前两卷叙述印度、西藏佛教概况，第三至第八卷按时代顺序和蒙古世系记述蒙古的历史。该书是作者利用了《本义必用经》《汗统记》《崇高至上转轮圣王敕修法门白史》《古蒙古汗统大黄史》等七种蒙藏文资料，并结合自己的亲身经历和见闻编写而成的。其内容非常广泛，从世界的形成、佛教的起源与传播，到蒙古族的起源、元明两代蒙古各汗的事迹等等均有涉猎，其中对达延汗和俺答汗的活动记述尤其详细。书中关于蒙古族的起源等内容虽有牵强附会之处，史事和纪年也有错乱，但仍是研究蒙古族历史、文学、宗教，特别是明清蒙古族历史的重要文献。

（二）名人

成吉思汗（1162—1227）名铁木真，大蒙古汗国的创建者，被其后人追奉庙号元太祖。是我国历史上非凡的政治家和杰出的军事家。

铁木真是蒙古部孛儿只斤氏族首领也速该之子，出身蒙古贵族。他所出生的年代正是蒙古各部为争夺草原、羊群、奴隶等资源而相互激烈厮杀，残酷争斗的时期。在铁木真9岁的时候，父亲也速该被敌对部落毒害，家族、部落衰落，在相当长的一段时间内，铁木真一家过着颠沛流离的生活。但正所谓自古英雄出少年，艰苦的生活环境使他练就了强健的体魄和顽强的意志，险恶的部

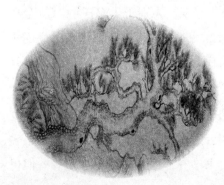

族关系造就了铁木真少年老成、善于筹谋的政治家气质。在母亲的帮助下，铁木真通过投靠实力强大的札木合逐步发展了自己的势力，在此期间，他建立了自己的队伍。在成为乞颜部的汗之后，铁木真脱离了札木合，开始了一统蒙古各部的征程：1201年大败札木合，1202年消灭塔塔儿

部，1203 年瓦解克烈部，随后完胜了最后一个主要对手乃蛮部。1206 年，蒙古历史翻开了崭新的一页，在这一年，铁木真建立了大蒙古汗国，被推举为"成吉思汗"，蒙古第一次以一个

统一的国家形式出现在历史的长河中，蒙古族人民终于可以暂时不再为连年的征战而流离失所了。为了实现自己高远的政治抱负，成吉思汗并没有满足于国家的建立，他的目光随即就投向了四面更为辽阔的土地：1207 年远征西伯利亚，降服吉尔吉斯，1211 年大败金兵，1213 年进军中原，1221 年占领中亚细亚，1222 年打到了欧洲东部。至此，成吉思汗从一个没落的贵族后裔一跃而成为君临四海的天之骄子。大举兵事的同时，成吉思汗不疏文治，他创建的千户制，把农事和战事相结合，极大地巩固了地方统治。他组织创立了蒙古语，颁布了《扎撒大典》，从法制上加固了王权。

1226 年在亲征西夏的途中，成吉思汗积劳成疾，不幸病逝。成吉思汗竭其毕生致力于各民族的融合和中华民族疆土的扩大及巩固，其历史功绩彪炳千秋。

蒙哥

生于 1208 年，是成吉思汗之孙，睿宗拖雷的长子。蒙哥曾随拔都西征，侵入钦察、斡罗思等地。1251 年，拔都拥立他为大汗。1253 年，蒙哥命弟旭烈兀统兵第三次西征，攻灭波斯、报达等国，建立了伊尔汗国。又命弟忽必烈经四川入云南，先后灭大理、降吐蕃。1257 年，命大将兀良台攻安南，迫使安南王投降。

1258 年，蒙哥和忽必烈、兀良台分兵攻宋，他自率大军攻入四川。第二年，他进攻合州钓鱼城。事先他派降将晋国宝进城让守将王坚投降，王坚斩杀晋国宝，率领将士宣誓死守合州钓鱼城。蒙哥指挥大军，猛烈攻城，都被王坚击退，双方相持达半年之久。1259 年 7 月，蒙哥在钓鱼城下被流矢射中，一说被飞石击中，死于军中。蒙哥是我国历史上一位颇有作为的少数民族皇帝。同时，又是我国古代最早研究世界上最早写成的影响最大的数学专著《几何原本》的学者。蒙哥还曾命他弟弟旭烈兀在征服西域过程中，把西域著名的天文学家纳苏剌丁徒思送到中国来，让他传播西方的天文学知识。

蒙古族

蒙哥是一位学识超群、聪慧过人，治学严谨、文治武功，其有巨大成就的杰出人物。在为统一中国和发展民族文化以及传播西方先进文化知识等方面，作出了卓越的贡献。

忽必烈

忽心烈（1215—1294），元世祖，元朝杰出的政治家和军事家。忽必烈是元朝的开国皇帝，成吉思汗之孙。和他的祖父成吉思汗一样，可谓雄才大略，文武全才。1251 年，长兄蒙哥即大汗位，忽必烈受封为王。1252 年忽必烈即奉命征讨大理，迅速平息了那里的叛乱，其军事才华初显。1260 年长兄去世，忽必烈在开平即汗位，建元中统，开始按中国传统的王朝年号纪年。其政治抱负得以初步实现。1271 改"大蒙古"国号为大元，1272 年迁都元大都（今北京）。随后即举兵南下，直至 1279 年灭南宋，完成了其祖父成吉思汗一统江山的宏愿。忽必烈对汉文化多有研习和借鉴，很早他就起用了一批汉族幕僚，这对他日后治理国家产生了潜移默化的作用。当政之后，他仿照汉族前代吏治设立了以中书省为最高机构的完整的国家行政架构；他任用了大量的汉族文人出任重要官职；他组织创建了蒙古文字。忽必烈还非常重视农业，他亲自组织编写了《农桑辑要》指导全国的农业生产。1294 年忽必烈去世。忽必烈一生最大的功绩就是统一了中国，进一步扩大、巩固了中华民族的版图。

噶尔丹

噶尔丹（1644—1697）准噶尔汗国创建人，巴图尔洪台吉第六子。1671 年，继任准噶尔部汗。1676 年，建立准噶尔汗国。1677 年，统一卫拉特诸部。1679 年 7 月率兵三万征服吐鲁番、哈密，其势力伸展到甘州（今张掖）一带。1680

年，率兵十二万占领察哈台后裔统治下的天山南路（南疆）。其政治中心在伊犁河谷。他重视农业和手工业。不仅鼓励蒙古族人民从事农业和手工业，而且还招徕畏兀儿等族种植农作物和从事手工业。下令霍屯人（当时对畏兀儿人的称谓）可设立自己的法庭，禁止南疆的奴隶买卖。他与清朝和俄国有频繁的使臣来往。1688 年，他以喀尔喀诸部不尊敬达赖喇嘛使者为由率师三万进攻喀尔喀。1690 年 6 月进入漠南，

中国民族（一）

清军大败噶尔丹于乌兰布通（内蒙古克什克腾旗南），使其逃回科布多。1696 年，二次进兵喀尔喀，在昭莫多（今乌兰巴托南）溃败。次年五月病故。

明安图

自幼好学，可谓少年得志。1712 年，年仅 20 岁的他就参与编纂了《律历渊源》，在历法、数学、音律方面初露才华也受益颇深；1713 年明安图被提升为时宪科五官正职，主管日月五星的推算并组织编制历书；1751 年任翻译科进士；1762 年升任钦天监监正，负责钦天监工作。明安图一生中最具有代表性的成果就是其发明创造的"割圆速比例法"。这种"割圆速比例法"，融会中西数学的精华，达到了当时世界数学研究领域的高峰，为我国数学研究事业的发展开创了一个崭新的局面。

明安图研究范围广泛、著述颇多，他不仅在数学方面成绩突出，还广泛涉猎了天文、历法、绘图等项科学事业的研究，成绩卓著。他参与刻制了蒙古文天文图，主持编纂了《历象考成后编》《仪像考成》等巨著。1755 年至 1760 年他还曾经先后两次赴新疆考察，主持绘制了新疆西部地图。

明安图的学术贡献巨大，他的研究成果推动了中国数学、天文、历法、地理、制图等多项科学事业的长足发展，在我国的科学史上发挥了不可估量的作用。

李四光

李四光（1889—1971），蒙古族，地质力学的创立者，我国杰出的地质学家。李四光出生于湖北黄冈，自幼家境贫寒，但勤学不辍。从 1902 年到省城报考洋务学堂起，开始了他的求学、治学生涯。1905 年以优异成绩获得留学日本的资格，1910 年毕业回国。在日本留学期间受孙中山革命思想影响加入同盟会，回国后参加了辛亥革命，革命失败后为寻找救国之路赴英国留学，1919 年毕业于英国伯明翰大学，获硕士学位。1920 年学成后抱着科学救国的理想毅然回国。先后担任北京大学教授、中央研究院地质研究所所长。在此期间，开始了古生物学、冰川学、地质力学的初创和教研工作。

建国后面对西方学者所谓中国无油论的论断，李四光冷静地运用他所创立的地质学基本原理，在科学地分析了中国的石油分布状况和储量的基础上，直接指导了中国大庆油田、大港油田、胜利油田的发现和开采工作。一举摘掉了中国是个贫油国的帽子。实现了他青年时代科学救国的理想，在新中国建设和发展史上立下了一座不朽的丰碑。

新中国成立后，李四光历任中国科学院副院长、中科院古生物研究所所长、地质部部长、中科院地学部委员、中国科协主席，第二至四届全国政协副主席。1958 年加入中国共产党，是中共第九届中央委员，第一至三届全国人大代表。李四光一生著述丰厚、成果斐然，著有《中国地质学》《地质力学概论》《地震地质》《天文、地质、古生物》等。

十、名胜古迹风光旖旎

由于曾建立庞大帝国的原因，蒙古民族的名胜古迹很多，范围也相当广泛。

成吉思汗陵

成吉思汗陵园坐落在鄂尔多斯高原中部的伊金霍洛甘德尔草原上，占地55000平方米，建筑面积1500多平方米。四周围护着红色高墙，三座相互连通为一体的蒙古包式穹庐金顶大殿巍然耸立。中华民族史上威震天下、征服世界的一代天骄成吉思汗就长眠在这里。成吉思汗陵园坐北朝南，殿宇飞檐，金碧辉煌。主体建筑陵宫由正殿、后殿、东西殿和东西过厅6部分组成。正殿高26米，上面为蒙古包式的穹庐顶，上面有俏丽的圆柱形装饰品和用黄蓝两色琉璃瓦镶砌的祥云图案；下面是双层蓝色八角飞檐。东西两殿比正殿略低一点，顶部与正殿相同，设有单层屋檐。大殿东西总长100米。正殿中央是一尊高大的白玉石雕成吉思汗坐像，像前是酥油长明灯与各种祭品。殿堂的后面紧连着寝宫，安放着四个黄缎覆盖的蒙古包。包内分别供奉着成吉思汗及其夫人孛儿帖、二夫人呼伦、三夫人伊绪，其胞弟别力古台和哈撒尔、四子托雷和夫人伊喜哈图的灵柩。西殿内供奉着象征成吉思汗战神的苏鲁定（长矛）和战刀、宝剑、马鞍等。大殿内绘有大型彩色壁画，形象地描绘了成吉思汗非凡的一生与元帝国时代的社会生活以及其时的风土人情。现在，成吉思汗陵园旁边，还建有成吉思汗行宫，仿照成吉思汗1206年即大汗位时的行宫布局而设，人们又叫它"元代村"。行宫由迎宾牌楼、大宫门、金顶大帐、左右侧殿、选汗高台、射猎场、赛马场等部分组成。据传说，当年成吉思汗出征西夏的时候，曾途经今伊金霍洛地方。当他立马观望，留恋这块水草丰美、花鹿出没的草原时，手中的马鞭突然失落。他似有所悟，当即吟诗一首："花角金鹿栖息之所，戴胜鸟儿育雏之乡，衰落王朝振兴之地，白发老翁享乐之邦。"并对左右说："我死后可葬此地。"后来，成吉思汗去世后，当灵车拉着他的遗体准备返回蒙古故地安葬时，走到他当年吟诗的地方，车轮突然陷入泥淖之中，即使用五个部族那样多的人架马拉也纹丝不动。后来，大家想起了成吉思汗生前的话，于是就在此为他建起了陵寝，并称这里为"伊金霍洛"（蒙古语，意为君主的圣地）。

传说是神奇而有趣的，但实际上成吉思汗并未真正葬于此地。由于按照当时蒙古贵族"国制不起坟茔，葬毕，以万马蹂之使平，杀骆驼于其上，以千骑守之，来岁春草既生，则移帐中散去。弥望平衍，人莫知也"的秘葬习俗，成吉思汗真正的安眠之地已无法确定。但子孙后代为了祭祀他，便把他生前的八座白色的幹耳朵（鄂尔多斯，意为宫帐）安放在阿尔泰山和肯特山之间的高原上，作为他的陵寝加以奉祀，被称为"八白室"。直到元朝以后，蒙古族人民每年都要祭祀成吉思汗。一切重要的典礼也都在"八白室"前举行。北元中期（明朝天顺年间），鄂尔多斯（蒙古语"宫殿"的复数形式，意即"护卫宫帐的部落"）部进驻于此，"八白室"随之迁来。达延汗还派他的三儿子巴尔斯博罗特为统领，率部负责守护"八白室"。清初设立伊克昭盟，"八白室"就供奉在伊克昭盟王爱召附近。清顺治六年（1649）鄂尔多斯左翼中旗额林沁郡王任伊克昭盟盟长，他为每年会盟之便，就"八白室"迁移到他辖领的左翼中旗，即今伊金霍洛旗境内。从此，成吉思汗的灵柩就被安放在今鄂尔多斯草原上的伊金霍洛，并由达尔扈特人继续守护和祭祀，至今已有三百多年的历史。

由于是秘葬，今天的成吉思汗陵并未真正安放着他的真身，但几百年来，蒙古族人仍把它当做自己圣主的长眠之地，对成吉思汗陵寄以无限的崇敬和向往。平时这里也香火缭绕，祭奠活动频繁，中外游客络绎不绝。在每年的农历三月二十一日、五月十五日、八月十二日和十月初三，在此要举行四次隆重的祭奠活动。每当祭奠之日，众多的拜谒者怀着虔诚的心情，不辞辛苦地长途跋涉而来。站在这位伟人高大的雕像前，献上洁白的哈达、明亮的蜡烛、肥壮的整羊、乳黄的酥油、醇香的马奶酒等祭品，追忆成吉思汗的雄才伟略，表达对他的无限敬仰与缅怀之情。

五当召

五当召坐落在内蒙古大青山的群山峻岭之间，地处包头市东北约70千米的吉忽伦图山阳。这里峰峦峻峭，松柏滴翠，在塞外高原上别具一格。

五当召是中国三大喇嘛教寺院之一，为喇嘛教格鲁派寺庙。它有蒙古、汉、藏三个名字。"五当召"是它的蒙古名，蒙语"五当"是柳树的意思，"召"就是寺庙；藏名"巴达格勒"意为白莲花；"广觉寺"是它的汉名，由乾隆皇帝亲赐。建于清乾隆十四年（1749），素有小布达拉宫的美誉。

五当召是一组藏式建筑，主要由六殿、三府、一陵组成，即苏古沁独宫、却依拉独宫、洞阔尔独宫、当坎希德独宫、日木伦独宫和阿会独宫六座大殿；甘珠尔府、章嘉府、洞阔尔府三座活佛府和一座苏木盖陵。五当召也是西藏以东屈指可数的著名藏传佛教弘法化众高等学府，设有却依拉扎仓（显教学府）、洞阔尔扎仓（时轮数学部）、阿会扎仓（密宋学部）、喇弥仁扎仓（菩提道学部）。另还有博物馆和两座白塔，喇嘛住房46栋。全部房舍达2500余间，占地300余亩。

在五当召，每年农历六月十三日、七月二十四至八月初一日均为大型民族、宗教节日。连续7天的"玛尼大法会"及小型"那达慕"吸引了五当召周围方圆几百里的各族人民。五当召现已成为内蒙古自治区的重点文物保护单位和重要的旅游景点之一。

五塔寺

蒙古族佛教寺庙。位于内蒙古呼和浩特旧城。建于清雍正五年（1727），雍正十年（1732）赐名慈灯寺。原殿宇已毁，现只存庙背的"金刚座舍利宝塔"，因由五座小塔构成，俗称五塔寺。五塔小巧、造型优异。塔座是带拱门的方形高台，高台上建五塔，中塔最高为8.65米，四角四座小塔。塔身雕有佛像及七珍八宝图案及梵、藏、蒙古三种文字的经文。五塔寺"金刚座舍利宝塔"后照壁上的蒙古文石刻天文图，是现存的世界上最好的用蒙古文标注的天象资料，已将外国天文知识融于中国传统的天文学体系中。刻恒星270座，星数1550余颗。天文图直径1.449米。呼和浩特市旧城南部还有一座大召寺。1580年建成，是呼和浩特最早兴建的寺院。由于寺中供奉银制释迦牟尼像，所以当时也称银佛寺。

昭君墓

呼和浩特市南郊大黑河南岸的绿野间矗立着一座传诵古今、驰名中外的西汉古墓——昭君墓。墓呈覆斗形，高33米，占地二十余亩，系人工夯筑的大土堆，巍峨高耸，远望如山。传说，因每年凉秋九月，塞外草衰时，附近草木枯黄，唯独昭君墓上芳草青青，故古人称之为青冢，且唐代就见之于李、杜诗篇，以后又现于历代文学作品之中。

响沙湾

在包头以南，通过雄伟壮观的黄河大桥，进入库布其沙漠（响沙湾为其一角），一年四季只要天气晴朗干燥，从沙顶下滑，便会产生"嗡嗡"似直升机马达的轰鸣声。若用双手刨沙，还会发出如同青蛙"哇哇"的叫声、独特奇妙，在响沙密林深处也称"沙漠绿洲"并设立了接待站，配备有冲凉房和露天灯光舞场。

沙漠也并非全部是粗暴与狂野，时而也有神秘而艺术的表现。库布其大漠中部就有这样一处著名的沙漠艺术之宫——银肯响沙。它位于鄂尔多斯达拉特旗树林召镇西南。银肯为蒙语，译为"永久"，只要是艳阳高照的晴天，你爬上沙坡，抓一把沙子用力一捧，或顺势用力下滑，那沙子便会发出"哇——哇——"或"呜——呜——"的声音。沙漠音乐任你领略大自然的神奇造化。

恩格贝

沙漠公园恩格贝创造了一个艺术的对立统一模式：黄色的沙漠中，一片绿树舒枝展叶；干涸的沙丘间，一汪湖水碧如明镜；人迹少见之地，如今鸵鸟起舞，孔雀朝阳。它位于鄂尔多斯库布其大漠腹地，距文化古迹昭君墓约15千米。恩格贝为蒙语，汉译为"平安、吉祥"之意。恩格贝开始于1989年。开发总面积达30万亩，整个开发区种树种草3万亩，其中，果树、花圃、名贵药材

等1200多亩。植被覆盖率达85%以上。区内饲养动物10余种10000头（只），其中，有珍贵的中华绒山羊3000余只，鸭、鹅6000余只，鸵鸟100余只，孔雀100余只。有大型水库3座，各种人工小湖10余处，蓄水量达400余万立方米，还开发出了矿泉水，天外石等资源、景观。

热水塘镇温泉

该温泉位于内蒙古宁城县克什克腾旗30千米处，距赤峰230千米，集通铁路经过此地并设点。热水塘温

泉为地热水温泉，至今开发利用 400 多年，水中含人体所需或对疾病有疗效的氧、氟、硅、镭等 47 种化学微量元素，水温在 83 摄氏度左右，对各种皮肤病、风湿病、高血压和心血管等病症有特殊疗效。清康熙帝曾驾幸热水温泉沐浴，九世班禅也曾在此沐浴讲经。该泉现已列为全国十一个甲级温泉的第二个疗养温泉。

天鹅湖自然保护区

在巴音布鲁克草原中心地带的巴音乌鲁乡以北 2 千米处，有一条东西长 30 千米、南北宽 10 千米的高山湖泊，海拔 2500~3000 米，湖水潆回如带、清澈见底，水中生长着大量水生植物，四周群山环抱，绿草如茵，高山雪岭倒映湖中，形成神奇迷离的自然景观。

每逢春末夏初，冰雪消融，大地复苏，旅居在印度、缅甸、巴基斯坦，甚至远到黑海、红海和地中海沿岸诸国的天鹅和雁鸥，不远万里，成群结队地飞到这里筑巢、换羽、求偶、生儿育女、栖息繁衍。这就是我国著名的巴音布鲁克天鹅湖自然保护区。天鹅湖鸟类资源十分丰富，水禽种类多、数量大。据考察，这里有大天鹅、小天鹅、疣鼻天鹅一万余只；还有灰雁、斑头雁、白头鹞、燕鸥、白鹭等一百多种水鸟。其中灰鹤、黑鹤、羽鹤、大白鹭、金雕、秃鹫、胡兀鹫近十种珍稀鸟类，属国家一、二级保护动物。秋末时节，天鹅们带着各自的"小宝贝"，时而欢腾在热闹的湖水中，时而击水而起，腾飞高空锻炼着飞越千山万水的本领。阳光下，天鹅、湖水、山峰和云影构成一幅"片水无痕浸碧天，山容水态自成图"的画卷。巴音布鲁克能够成为天鹅的故乡，不仅得益于这里独特的地理环境和独特的气候条件，而且得益于当地蒙古族牧民把天鹅视为贞洁之鸟、美丽的天使、吉祥的象征加以爱护。保护站在天鹅湖畔的高地建有一座口望台，可供旅游者观察天鹅的生活动态。

塞里木湖

古丝路北道，有一个以神奇秀丽的自然风光享誉古今中外的绝妙佳境——丝路明珠"赛里木湖"。赛里木湖古称"西方净海"蒙古语称"赛里木淖尔"。意为"山脊梁上的湖"。赛里木湖位于天山西部，博乐市西南；乌鲁木齐——伊犁公路沿湖南岸穿过。湖面海拔 2073 米,水域面积 458 平方千米，呈椭圆形，东西长约 30 千米，南北宽约 25 千米，周长 90 千米，最大水深 92 米,蓄水总量 210 亿立方米，是新疆海拔最高、面积最大的高山湖泊。赛里木湖像一颗璀璨的"蓝宝石"高悬于西天山之间的断陷盆地中，湖中群山环绕、天水相映。隆冬时节，赛里木湖瑞雪飞舞，银装素裹，雪涌水凝，葱翠的苍松与洁白的雪被交相辉映，构成一派北国林海雪原的壮阔景色。春夏季节，湖畔广阔的草地上，牧草如茵，金花遍地，牛羊如云，牧歌悠悠，毡房点点，构成一幅充满诗情画意的古丝路画卷，可以使人们充分体验回归自然的浪漫情怀，领略塞外悠久而独特的民族文化。

1. 赛里木湖水上游乐区。此区包括整个赛里木湖水域和湖心四岛。以湖东南岸边博乐市旅行社草原宾馆基地的水上乐园，结合赛里木湖十景中的"赛湖跃金""松头雾瀑""湖心情侣"三景，使此区成为赛湖景区中的核心景区。游艇巡湖观光即可饱览"赛湖十景"之美妙，还可方便上岸和登岛观光。

2. 海南幽林秀草度假疗养区。此区位于赛里木湖西南，呈东西延伸的狭长条。区内地表植被覆盖率达 100%，是优良的牧业夏草场，山、林、草、水和民族风情融为一体，充满诗情画意，是最佳旅游度假疗养胜地。

3. 湖东湖光山色旅游区。以湖滨的草原为景，以浩盈的赛湖水面为主景，以辽阔的群山雪峰为背景，以湖心四岛为衬托，是观赏"金缎镶""湖心情侣""净七彩""赛湖跃金"等景点的理想场所。

4. 海西草原风情登山游猎区。此区位于赛里木湖西部，三面环山，一面向湖，地势起伏剧烈，是草原居民风情最浓郁的景区。每年一度的那达慕盛会在这里举行。

5. 海北名胜古迹科考旅游区。此区分布在赛里木湖北部，呈东西延伸的狭长条。有乌孙古墓等古迹可进行科考活动。赛里木湖风景名胜区北通"亚欧大陆桥第一关"阿拉山口，西连中哈国门霍尔果斯口岸，自古就是丝绸之路北道必经之路，旅游区位优越。风景区总面积 133112 平方千米，旅游环境容量很大，自然和人文风景名胜资源类型齐全独特。

呼伦贝尔大草原

地域辽阔，风光旖旎。这里有水草丰美的草原，松涛激荡的大兴安岭林海、纵横交错的河流、星罗棋布的湖泊，组成了一幅绚丽的画卷。众多的民族、各具特色的风土人情、珍贵的历史文物古迹、回味无穷的地方风味，又为美丽富饶的呼伦贝尔增添了色彩。这里夏季气候宜人，是避暑胜地，冬季银装素裹，一派北国风光。呼伦贝尔盟是自治区旅游资源最丰富的地区。呼伦贝尔草原牧场辽阔，植物种类繁多，生长茂盛，河湖遍布，是我国生态保持较好、未受污染的大草原之一。大兴安岭的原始森林、次生林和迹地更新林景观齐备。巍巍青山，茫茫林海，是野生动植物的天然博物馆。格根塔拉草原，蒙语意为"夏营盘""避暑胜地"。乘车从呼市出发 3.5 小时，这里牧草茂盛，牲畜遍地，草原特色浓厚迷人，自古以来就是优良的天然牧场。

希拉穆仁草原

蒙语意为"金色平川"，从呼和浩特乘车沿盘山公路翻越巍峨大青山，行程约 2.5 小时，即可进入如花似锦的草原。这里是呼和浩特开辟最早的草原旅游点，设备齐全完善，全程皆为柏油路。

辉腾锡勒草原

蒙语意为"寒冷的草原"，海拔 1800 多米。从呼和浩特乘车需要 3.5 小时，这里有大大小小九十九个天然湖泊，镶嵌在碧绿如茵的草原上，向西约 2.5 千米处有一黄花沟，漫山遍野的小黄花，高耸的峭壁悬崖和清泉小瀑布，既有草原苍茫雄浑的格调，又有江南明媚清秀的色彩，甚为壮观。

回　族

　　"回回民族"的简称回族，回族是中国五十六个少数民族之一，是我国少数民族中人口较多、经济文化比较发达的民族。回族是勤劳善良的民族，也是个爱美的民族。作为我们祖国多民族大家庭的一员，在长期的历史发展中，形成了一整套独特的风俗习惯，这些民俗遍及社会的各个方面。这是回族人民生活的一种反映，也是回族历史传统、生活方式的具体表现。

一、悠久辉煌的历史文化

关于回族的来源，可以追溯到公元 7 世纪中叶。那时有阿拉伯和波斯商人到中国来经商，他们留居在广州，泉州，杭州，扬州等地，经历了五代至宋末，五六百年间不断的发展壮大，成为回族来源的一部分。而回族的主要来源是十三世纪初叶，由于成吉思汗西征而被迫东迁的中亚细亚各族人，波斯人和阿拉伯人，以及当时东西交通打开，自愿东来的商人。这些人都是信仰伊斯兰教的，在元代的史书中统称为"回回"，被列为当时"色目人"中的一种。他们到中国以后，大部分做了军士、农民、工匠。还有一部分人做了官员、商人、宗教职业者和学术人士，由于通婚和社会经济关系，与汉族、维吾尔族，蒙古族等族人民在长期的相处中形成回族。

回回民族的初期活动是从 13 世纪初年开始，约到南宋末叶。中间经历了元的建立和元的灭亡，这时回族还没有完全形成，尚处在萌芽和成长阶段。当时，东来的回回军士被编入"探赤马军"，他们在不作战的时候进行生产劳动，即"上马则备战斗，下马则屯聚牧养"。由于回回农民是军士的改业，回回进行农垦的地区属于当时的军士驻防地区，四散在西北，西南以及中原各地。

元代回回学术人士为人们所熟知的是医生和天文历法的学者。他们是回回民族的中上层人士，他们的学识受当时人们的注意。元代曾有回回司天监，是和传统的观测天象的机构司天监并立的。这些天文知识对于当时的人民生活和农业生产都有很大影响。

在明代的三百年中，回回已经成为一个民族共同体。他们更广泛地分布在祖国的各地，形成众多的回回民族村落，这是明代的特点。回回民族勤劳善良，他们的手工业传统由来已久，我们现今知道的有香料制造业，在北京曾有"香儿李家"，从明代以来，回回民族的祖传制香业已经有几百年的历史了。还有回回

民族的制药业也很有名，北京最有名的是回回膏药和马思远药锭，这些都是从明代开始的。除了这些，回回民族的制瓷业也很有名气，如"回青"，它在图案上采用了阿拉伯文和一些几何图案。回回民族的人民勤劳朴实，尤善经商，还有从事海外贸易的。与此同时，回回民族还在不断地吸收新的成分，逐渐形成了一个民族共同体。

回

族

二、独具一格的传统服饰

回族的服饰中，男女服饰区别很大；根据年龄分有幼儿服饰、成年服饰和老年服饰。其中，回族妇女的服饰在年龄上分得很细，有未婚服饰、已婚中年服饰和已婚老年服饰。还有些服饰要根据地区和季节、宗教职业等分类。可以说，回族的服饰种类万千，并且都各具特色。

（一）男子服饰

号帽

回族男子戴无檐小白帽，也叫"顶帽""回回帽"或"礼拜帽"。号帽的颜色有白、灰、蓝、绿、黑五种颜色，并且每个季节都要戴上相应颜色的号帽。如：春天、夏天、秋天回族男子多戴白色号帽，冬季他们就会戴上灰色或黑色的号帽。这么多年以来，白色的号帽一直被回族男子喜爱。

白色的号帽一般用的是的确良、涤卡、棉布等制做的，还有的是用白棉线织的。黑色号帽是用平绒、花达呢做的，也有一些是用粗毛线织的。

白色号帽很精致，有些要镶金边和美丽的图案。在我国的泉州、海南等地的回民，在帽子前面的正中央，绣着阿拉伯经文"真主至大"，有的绣有"清真言"，这些字都是用金黄色的线绣的。北方回民到了冬天，要在里面戴一顶小白帽，故意把小白帽戴斜，然后戴上棉帽露出小白帽的边子。这样做，有两个目的，一是为了衬汗，二是表示自己是回族。

回民为什么喜欢戴无檐小白帽呢？这主要与宗教有关。回民在礼拜叩头时，前额和鼻尖必须着地，他们戴的小白帽就不能有檐。由于宗教的原因，回族人民养成了戴无檐小白帽的习惯。现在回族男子无论是百岁老人，还是四五岁的儿童，上寺礼拜和不上寺礼拜的都喜欢戴这种标志回族的"号帽"。

每当回民过节时，只要你放眼望去，就会看见一条"银河"，那不是别的，正是回族男子头上的小白帽汇聚成的一条无比纯净的银河。除了带白色的号帽，回族男子还喜欢穿白衬衫、白高筒布袜、白布大裆宽松裤等。

戴斯达尔

回族除了戴白帽外，有些也用白、黄色毛巾或布料缠头，素有"缠头回回"之称。戴斯达尔是波斯语音译，意为清真寺的阿訇或教长头上缠的布。回族男子有头缠"戴斯达尔"的习俗，这个习俗有着很悠久的历史。相传穆罕默德在早期传播伊斯兰教时，头缠戴斯达尔礼拜。戴斯达尔长度一般为9尺或12尺。缠头时有许多讲究，前面只能缠到前额发际处，不能把前额缠到里面，这样不利于叩头礼拜，缠巾的一端要留出一肘长吊在背心后，另一端缠完后压至后脑缠巾层里。早在元代，回族人民就在政治、经济、文化等方面具有很高的地位，回族人的服饰习俗和其他习俗一样，都是自由的，没有任何限制，有穿阿拉伯、波斯等地样式的，有自制的白帽、巾袍和鞋等，但是，很多回族男子都喜欢戴戴斯达尔。这也是回族民族服饰的又一个有特色的标志。

麦赛海袜

也叫作麦赛袜子，它是北方回族老人冬天穿的一种皮制袜子。"麦赛海"为阿拉伯语音译，意为"皮袜子"，它一般由软、薄的牛皮制成，它的表面洁净光亮，并且结实耐用。伊斯兰教规定，每天五次礼拜都须洗小净，如果穿上麦赛袜子可以免去小净中的洗脚程序，用湿手在袜子的脚尖至脚后跟摸一下，即等于洗脚。

准白

阿拉伯语音译，意即"袍子"、"长大衣"。准白一般用黑、白、灰三种颜色的棉布、化纤料或毛料制作而成。它总共有单、夹、棉、皮四种。它的款式近似现代的长大衣，特点是它的领子一般都是制服领口。回族男子穿起准白显得十分精神。

坎肩

是回族男子服饰的一个重要组成部分，这是回族简朴、大方的表现。传说回族先人都擅长骑射，喜好拳术，他们又是很爱干净的民族，所以，为了使衣冠整洁利落，他们喜欢穿坎肩，并且都打扮成武士模样。直到

今天，我们仍可以从那些头戴白帽、身穿坎肩的回族男人身上领略到回族人民当年英姿飒爽的样子。

回族男女都爱穿坎肩，特别是回族男子喜欢在雪白的衬衫上套一件的对襟青坎肩，黑白对比鲜明，清新、干净，又十分合身。他们会根据不同的季节，穿不同的坎肩，有夹的、棉的，还有皮的。既可当外套，又可穿在里面。回族男子的青坎肩，装饰工艺朴素得体，他们会在它的襟边、袋口处用针扎出明线，使衣服各边沿平挺工整，这样也能突出服装的线条美。用相同的衣料做的小包扣，雅致得很。皮坎肩的选料十分讲究，要选用胎皮和短毛羊皮来缝制。它轻、柔、平、展，穿在身上特别舒适。回族男子在冬季会穿上这种皮坎肩，再穿上一件外套。这样既轻便保温，又合身，不臃肿。由于回族男子爱清洁、讲卫生，又有习武的习惯，他们要经常要洗脸、洗手、洗小净。这样穿上坎肩，当他们开始挽起袖子洗手洗脸、干活、习武时，就变得很方便了。

鞋

回族男子的鞋，一般都是自制的方口或圆口布鞋，也有用麻和线自制的凉鞋。农村男子的袜跟、鞋垫一般都是绣花的。回族老人则习惯扎绑裤腿。

童装

回族男孩的服饰，有的地方所用颜色比较鲜艳，有的地方要用花布。回族小孩的衣服袖口和膝盖处常常绣上花朵。还有的儿童的坎肩服是用碎布块拼起来的。回族小孩穿过的衣服忌送别人。

胡子

回民还特别注意面容的修饰。男子必须留胡子，他们认为留胡须是一种风度美和大丈夫气概的标志。北方有些回族人民把没有胡须和不留胡须看做是不本分的事。有些回族男子从二十岁左右就开始留胡子。并且他们的胡子的形状多种多样：有的全脸留胡子，有的只留到下巴，这样的胡子也叫山羊胡。回族男子很爱干净，所以他们会注意经常修整胡须。有的回族老人每天早晨要用梳子梳理一番，这样做就会显得整齐干净。人也变得很有精神。

刀

回族男子喜欢随身佩带一把小刀，俗称"腰刀"。回民挂腰刀，一是为了装饰，二是为了随时宰牲、救牲。这种习俗与唐代杜环记载的阿拉伯人"系银带，佩腰刀"的习俗是一样的，是从阿拉伯传入我国回族人民当中的，后来逐渐成为回族人民的习惯。

（二）女子服饰

回族女子的服饰受其他民族影响较大。但在回族的聚居区以及举行宗教活动时，她们都有自己素雅、端庄大方的民族服饰。

回族妇女的衣着打扮是很有特点的。她们一般都头戴白圆撮口帽，也叫搭盖头。戴盖头为的是盖住头发、耳朵和脖颈。回族人民认为这些地方都是妇女的羞体，必须全部遮盖起来。

回族人民戴盖头的习俗，一是受阿拉伯国家的影响。因为阿拉伯地区，风沙很大，水源较少，人们平时难以及时沐浴净身。为了防风沙，也是为了讲卫生，妇女们自己缝制了能遮面护发的头巾。后来许多阿拉伯、波斯商人把这种习俗带到中国。二是受伊斯兰教的影响。我国回族虽然已弃用面罩，但也以头巾护头面。一般把头发、耳朵、脖子都遮掩起来，如果有妇女把头面露在外面，就认为她失去了信仰。所以，久而久之，回族妇女逐步形成了戴盖头的习惯。

盖头一般都是绿、黑、白三种颜色，有少女、媳妇、老人之分。一般未婚妙龄的少女戴绿色的，中年或已婚妇女戴白色的，有了孙子的或上了年纪的老年妇女戴黑色的。绿色象征清俊娇丽；白色象征洁美；黑色象征持重。

回族妇女的盖头，十分精美，都是选用丝、绸、乔其纱、的确良等细料制作的。样式上，老年人的盖头会比较长，要披到背心处。少女和媳妇的盖头比较短，前面遮住前颈。回族妇女还喜欢在盖头上嵌金边，并且会在上面绣风格素雅的花草图案，这样看上去清新秀丽。如今，追求美丽的回族姑娘们

回
族

47

根据自己的条件，也梳着各种流行的发式了。

回族妇女的传统民族服饰的样式独具一格，一般都是大襟衣服，但装饰内容却比较丰富。回族妇女大多内穿素色对襟长袍，袍长至膝盖以下。在衣服的翻领和领口、襟边、下摆都要进行滚边处理。回族女装都是右边扣扣子。少女和媳妇很喜欢在衣服上嵌线、镶色、滚边等，有的还在衣服的前胸、前襟处绣花，绣的花色很鲜艳，并且形象逼真。她们一般穿蓝色或黑色长裤。脚上会穿绣花鞋或胶鞋。回族女子的鞋喜欢在鞋头上绣花。她们的袜子也有讲究，讲究通跟和袜底。遹跟袜大都绣花，袜底会制成各种几何图案，也有绣花的。

回族女子的服装色彩随年龄增加而变深。中老年妇女内穿普通袖旗袍、在长袍外套一件深灰色过膝色长坎肩，上了年纪的老年妇女回族妇女一般都穿大襟衣服。年轻妇女套长及腰际的短坎肩，年轻妇女的短坎肩有紧身束腰的作用，穿上这样的坎肩，就会使体形显得很苗条，并且有一种质朴大方的气质。回族女子的服饰富有女性美。

回族妇女衣服的颜色不喜欢妖艳，一般老年人多着黑、蓝、灰等几种颜色；中、青年喜欢穿鲜亮的，如绿、蓝、红；农村青年喜欢穿绿裤子玫瑰红歪襟短褂，背心前后胸均绣花；城市里的回族女青年则喜欢穿苹果绿、翠蓝、天蓝、水红、粉红和藕荷色的衣服等。

回族妇女老少都有节日时要穿的民族服装。那些经常做礼拜的人，还专门有一套礼拜服。回族妇女一般不穿超短袖衫、短裤和裙子，并且忌赤脚行走。大部分回族女子从小就要扎耳眼，七八岁时要戴耳环。她们喜欢戴戒指、手镯等精美的饰品。他们戴戒指的讲究与土耳其、巴基斯坦、埃及等中东阿拉伯国家的穆斯林和中国汉族的讲究相同：戴无名指上表示已婚，戴中指上表示没有对象，戴小拇指上表示已有对象还未结婚。除此以外，回族妇女还喜欢戴手镯与耳环，除了装饰以外，据说还能使人心明眼亮。回民当中有句顺口溜说："姑娘眼睛亮，耳环子挂两旁。"这话确有道理。眼部穴位在耳垂中央，戴耳环可以刺激耳部眼睛的穴位。有的回族女子要点额、染指甲等等。已婚妇女还要

中国民族（一）

48

经常开脸，显得清秀、干净。

关于回族女子佩戴饰品的习俗还有一个有趣的传说呢！很早以前，有位回族妇女养着一个老婆婆，因为她们连饭都吃不饱，所以她就到一个商人家去做饭。每天和完面，她就会把沾满面的两手回来洗掉给婆婆做面糊糊吃。突然有一天，乌云翻滚，电闪雷鸣，婆婆和媳妇都忏悔不应该吃人家的东西，媳妇把手伸出去想让雷劈掉作为对自己的惩罚。一声雷响，媳妇不但双手未断，而且两个手上都戴上了金手镯。从此，回族媳妇戴手镯也成了孝顺老人的象征。

回民还喜欢用凤仙花染指甲。这个习俗也是由阿拉伯、波斯等地传来的，中国在汉朝以前并没有凤仙花。直到汉武帝时，张骞听说西方有一个条支国，后来甘英奉使西域，中国与阿拉伯之间才有了交通。从此以后，互相往来，凤仙花也从西域传到中国。

凤仙花为红色，用它来染指甲要先把它用捣碎，并且加入少许明矾。回族女子会先洗净指甲，然后把它敷在指甲面上，并且要用片帛缠住，这样到了第二天，颜色就染上一点，连染三五次，就会变成胭脂的颜色，并且洗不掉。

结婚时回族的新娘服饰很讲究，头戴白帽，外披绿色盖头，盖头上缀有银花、绢花，并戴项链、手镯等银饰物。穿粉红色长袍和绣花鞋，做工十分精细。

如今，回族人民的服饰发生了很大的变化，样式上一改过去"宽肥大"的特点，朝着新颖别致的方向发展。

回

族

三、享誉全球的食林奇葩

世界上目前有三大菜系：东方菜系、西方菜系和伊斯兰菜系。回族美融合东、伊两大菜系的优点，并经过回族人民自我创造，形成了具有本族特色的美食文化。回族美食大多由其清真品质所决定，讲究品质高洁，选料考究。回族的面食多以油炸为主，并且营养搭配合理。目前回族的美食已风靡全国，堪称中国食林奇葩。

因为回族分布比较广，所以回族的食俗也不完全一致。如：宁夏回族偏爱面食，喜食面条、面片，还喜食调和饭。甘肃、青海的回族以小麦、玉米、青稞、马铃薯为日常主食。但是，油香、馓子是各地回族喜爱的特殊食品，也是节日馈赠亲友的礼品。多数回族人家常年备有发酵面，供随时食用。回族一年四季早餐习惯饮用奶茶。

中国清真饮食的声誉，由来已久。最早可追溯到唐代，在元代清真食品就已经形成了一定的规模，而且很多清真菜肴还进入了宫廷。到了清代"回回遍全国"，并且已经出现了一些很有名的老字号。

（一）回族的主食

青海回族的日常主食有小麦、青稞、大麦、豌豆、洋芋等。其中，城镇及川水地区以小麦为主食，洋芋维辅。旱地，山地多以青稞、大麦、洋芋为主食，辅以豌豆、小麦等。回族的主食还分为干、稀两样。干的有馄锅馍、锅盔、花卷、油饼、油香等。稀的有软面片、拼面片、长面、拉面、旋面儿、寸寸儿、旗花儿、麦仁饭、扁食、搅团、馓饭等。

回族妇女在做饭之前，必先洗手，并以阿拉伯语默念"比斯命亮"（奉特慈普慈的真主之命），然后才能开始，进餐时也采用同样的方式。吃饭时，要先敬长辈、客人；在有客人时，回族女子不能同桌吃饭；吃馍馍时，要掰开吃，不能直接用口去咬食；不可掉饭菜，孩子们若撒了馍馍，大人一定要令他拾起来吃掉，并且还要狠狠地训导他们一顿。

回族的冬菜要分腌制的酸菜和花菜两种，外加窖藏的冬萝卜、红黄胡萝卜、大头菜等。酸菜，是用当地产的大白菜腌制的。并且要配以青盐、花椒、辣椒等调料。花菜，是以红黄胡萝卜丝为主，杂以芹菜丝、大头菜丝并加青盐、花椒、辣椒等腌制，这种菜红、黄、白、绿等诸色相间，所以得此名。回族人民每年秋末要开始腌制，一直能吃到第二年春末。两样菜泼油后，做下饭菜，酸菜还可以炒菜或下在面饭中。

每逢尔德节、古尔邦节和儿女结婚，家家户户都要竭尽全力，作出富有特色的传统菜点来庆祝一番。面食以油炸食品为主，油香、蜜馓、油果儿、馓子、花花儿、哈里瓦等琳琅满目，鲜香四溢；菜肴主要是熬肉、手抓羊肉、麦仁饭、稀粥饭（大米、羊肉汤和羊肉熬成）。

婚嫁宴席的食物有城乡之别，一般城镇注重菜肴，还要摆八盘筵席。

八盘

青海城镇回族人家喜欢以八盘待客。以西宁为例，其菜谱是；酸辣里脊、烧羊筋、大块鸡（或糊牛肉毛）、手抓羊肉（或糊羊肉）、酥合丸（或八宝饭）、葛仙米汤、蘑菇炒肉、兰片炒肉八种，最后上后四碗、酸汤。主食有大米饭或花卷等。

亥亭食物

回族称祭祀祖宗和亡人的活动为"念亥亭"。在这个节日里人们吃的食物与平时不同，油香、花卷、奶茶在先，然后上称为"双碗"的熬肉米饭，最后是旗花面，或麦仁饭。

油香

是回族的传统美食之一，油香是回族民间传统食品，有普通油香、糖油香、肉油香三种，有的地方把油香叫"香香锅"。一般是用麦面或糯米面制作而成，用清油炸，形状像油饼。油香的颜色焦黄发亮，让人看了很有食欲。回族的油香种类和口味有多种，有发酵面的咸味油香、淡味油香、甜味油香，还有烫面油香，发酵面油旋子等。吃起来，口感香软酥脆，老少皆宜。回族人和油香面讲究"三光"

——面光、手光、盆光。也就是说，面和好后，面团要筋道光亮；手上不能沾很多面粉；面盆里外也要干干净净。和好的面揪或切成小面团，每个小面团擀成直径约十厘米，厚约一厘米的饼坯，在擀的过程中一般不需要翻过来擀，变换面杖的滚动位置擀一面即可。将油上锅烧热，放入擀好的饼坯，待锅中油香略有变黄后，翻一个个儿，当两面鼓起焦黄后，即可捞出。炸制过程中的火候不宜过大，油温太高，油香表皮容易炸焦，所以有"慢火炸油香，两面都发亮"、"爆油炸油香，里生皮焦不发亮"的说法。回族在炸油香时，一般都要请年长的、有经验的人来掌锅。吃油香的时候也有讲究，如一些地方的回族在吃油香时，拿在手中面儿要向上，一块块儿掰着吃，而不能用口直接咬（据说是圣行）。大部分只需用手撕成两半儿即可咬着吃。

每逢节日和婚庆，人们互送油香的习俗，显示了人们之间的人情美。油香要按"亥亭"的规模及主人财力的大小分，有大油香、小油香。小油香呈光面，大油香边缘捏有花边。一般条件好的人家，上桌的油香会洒蜂蜜或糖水。炸油香的人都是家中的年长者或主妇，他们事前必沐浴更衣。

凡属"亥亭"上的食物，先请阿訇、长者吃过后众人才能吃；主人敬客时，说"大家口到"，即请大家品尝，而忌说"吃"字。大"亥亭"上宰的牛要煮熟分份，同大油香一起分送远近亲友。

熬肉

又叫熬熬，是以熟羊（牛）肉块、熟洋芋块、红白熟萝卡片、凉粉块加各种调料制成的汇菜，回族人习惯盛在碗里吃。上述菜肴分别以烧、炒、煎、炸、蒸、烩等技法做成，特点是多数菜以牛羊肉为主料，酸、辣、咸、甜味俱全。席上不备烟酒。每个客人面前备有小碟子，可盛上辣子、醋调味。八盘中的第四盘菜上过之后，即上一碗开水，是专门供客人洗涮自己的筷子和调羹的，表示下道菜就是甜味的酥合丸和葛仙米汤了。

奶油回饼是回族的传统食品。将第一次发酵的面团加奶油、花椒水、奶粉、盐、糖合拌均匀，再同酵面搓揉均匀，制成饼坯，经烤制而成。外形光泽亮丽，泡松柔软，品尝起来甜中回咸，清香可口。据传，五十多年前，昆明"合香楼"一位面包师把面团搓好后让其发酵，时至下午方才想起忘了放鸡蛋，经李清祥仰传指点，将酵面团加小苏打揉匀，再入烤炉烤。终于使原来变酸发黑的面团，交成了雪白的烤饼，视之如雪，尝之味美。师傅们商议后说："这饼既是发面返回而成的，就叫它'回饼'吧。"从此，奶油回饼正式问世。

（三）风味小吃

回族著名糕点师马基良制作的万盛马糕点甜、酥、脆，在西北各省区影响很大。河北省石家庄市的金凤扒鸡、保定市的马家卤鸡和白运章包子，辽宁省沈阳市的马家烧卖、义县的伊斯兰烧饼，陕西省的牛羊肉泡馍，湖南常德市的翁子汤圆、绿豆皮、牛肉米粉在当地都很有名气。民间特色食品有酿皮、拉面、大卤面、肉炒面、豆腐脑、牛头杂碎、臊子面、烩饸饹等。

羊杂碎

相传成吉思汗征讨西夏途中，在陕西榆林附近被围困在荒山野岭，当时粮草已尽，部队的供养陷入严重危机。万般无奈下，后勤人员把原来屠宰的羊头、蹄、肝肺等原本要丢弃的废物用水洗净，然后用刀剁成碎块，烩在一个大锅里加盐煮熟以后，将野地里采来的野香菜洗净切碎放到锅里，烩成一锅香喷喷的汤。众将官、士卒品尝后，都称赞此汤的味道堪称一绝，比平日里吃的烧烤羊肉等佳肴还要好上几倍。岁月流逝，部队中许多年迈的将士陆续回到民间，把羊杂汤的制作方法也传到了民间。经过民间厨师多年来更进一步的整理、完善、加工，逐步形成了各地餐桌上极具民族风味特色的佳肴，流传至今。

羊筋菜

羊筋是羊蹄的韧带。青海的羊筋在宰杀季节，经过剔取、拉直、阴干，扎成小把，可长期保存，久藏不坏。用羊筋做的菜肴品种很多，是青海回、汉族筵席中最常见也是很有声誉的地方菜之一。由于羊筋是胶质组成，比起海参、鱼翅来，价廉味美，是烹制高筵美馔的重要佳料。清代的全羊席中有一道"蜜汁髓筋"就是以羊筋作全料的。

"金凤扒鸡"

最早始于 1908 年，当时一对叫做马洪昌的回民夫妇在石家庄大桥街开了一家马家鸡铺，他们采用独特的制作工艺，用蜂蜜对鸡进行上色炸制，并用中药秘方老汤煮制，做出来的扒鸡风味独特。虽然当时的店铺很小，但生意格外兴隆，每当热气腾腾的扒鸡出锅之后，店内店外总是挤满了顾客。因为每天供不应求，去晚了的顾客还常常买不到。

手抓羊肉

回族清真食品种类繁多，较有名气，耳熟能详很大众化的主要有手抓羊肉、兰州清汤牛肉拉面、西安羊肉泡馍等。手抓羊肉，因用手抓食，故名。手抓羊肉一般选用肉质细嫩的"栈羊"羔羊肉，这种肉肥瘦相间，食而不腻。调味很简单，只选用花椒、青盐、干姜数味。其特点是羊肉酥烂，味香喷鼻，细嫩爽滑，滋味绵长，不油不腻，清淡可口。

羊肉泡馍

这是西安最具有特色的清真小吃，其制作工艺分为：骨肉处理、煮肉、捞肉、掰馍、煮馍等五道工序，其特点是汤鲜味浓，馍筋光绵，不膻不腻，营养丰富。吃泡馍很讲究，要配上糖蒜、香菜和辣子酱，吃时不能上下翻搅，以免发泻。一般是从一边"蚕食"，这样能始终保持鲜味不变。

全羊席

又称全羊大菜，回族的传统名菜。源于清宫廷，为宫廷招待穆斯林客人的最高宴席。宁夏回族厨师王自忠是中国可烹制出全羊席的大厨之一。他可烹制出全羊菜二百六十多种，用羊肉可烹制出一百九十多种，如酥羊腱子、滑溜里脊、红松羊肉等；羊杂可烹葱爆心片、花炒羊肝丝凉拌等；羊骨和羊蹄都可烹出六七种。博采众家之长，烹出的全羊菜，味鲜而不腻，肉嫩而不膻，深受人们欢迎。

马昌恒果汁牛肉

四川天府特产清真"马昌恒果汁牛肉"为世人津津乐道。这道清真美食创始于1933年，创始人是德阳市回民马道庸。马道庸1933年开始从事果汁牛肉的生产。他对牛肉选料十分严格，买牛时，必须购买健壮的活牛，由阿訇宰杀。然后，把"卷子肉"去筋，放入容器中用盐水腌制，再取出晾干水气，然后卤熟，顺着牛肉横纹切成筷子粗细的条状，再进行烟熏，最后，加上二十多种天然香料拌匀，用棕叶包好。后来马道庸考虑到自己年事已高，怕绝技失传，以后有人假冒他的牌子，便把"星月"牌果汁牛肉的商标用儿子"马昌恒"的名仰传指点，将酵面团加小苏打揉匀，再入烤炉烤。终于使原来变酸发黑的面团，交成了雪白的烤饼，视之如雪，尝之味美。师傅们商议后说："这饼既是发面返回而成的，就叫它'回饼'吧。"从此，奶油回饼正式问世。

（三）风味小吃

回族著名糕点师马基良制作的万盛马糕点甜、酥、脆，在西北各省区影响很大。河北省石家庄市的金凤扒鸡、保定市的马家卤鸡和白运章包子，辽宁省沈阳市的马家烧卖，义县的伊斯兰烧饼，陕西省的牛羊肉泡馍，湖南常德市的翁子汤圆、绿豆皮、牛肉米粉在当地都很有名气。民间特色食品有酿皮、拉面、大卤面、肉炒面、豆腐脑、牛头杂碎、臊子面、烩饸饹等。

羊杂碎

相传成吉思汗征讨西夏途中，在陕西榆林附近被围困在荒山野岭，当时粮草已尽，部队的供养陷入严重危机。万般无奈下，后勤人员把原来屠宰的羊头、蹄、肝肺等原本要丢弃的废物用水洗净，然后用刀剁成碎块，烩在一个大锅里加盐煮熟以后，将野地里采来的野香菜洗净切碎放到锅里，烩成一锅香喷喷的汤。众将官、士卒品尝后，都称赞此汤的味道堪称一绝，比平日里吃的烧烤羊肉等佳肴还要好上几倍。岁月流逝，部队中许多年迈的将士陆续回到民间，把羊杂汤的制作方法也传到了民间。经过民间厨师多年来更进一步的整理、完善、加工，逐步形成了各地餐桌上极具民族风味特色的佳肴，流传至今。

羊筋菜

羊筋是羊蹄的韧带。青海的羊筋在宰杀季节，经过剔取、拉直、阴干，扎成小把，可长期保存，久藏不坏。用羊筋做的菜肴品种很多，是青海回、汉族筵席中最常见也是很有声誉的地方菜之一。由于羊筋是胶质组成，比起海参、鱼翅来，价廉味美，是烹制高筵美馔的重要佳料。清代的全羊席中有一道"蜜汁髓筋"就是以羊筋作全料的。

"金凤扒鸡"

最早始于1908年，当时一对叫做马洪昌的回民夫妇在石家庄大桥街开了一家马家鸡铺，他们采用独特的制作工艺，用蜂蜜对鸡进行上色炸制，并用中药秘方老汤煮制，做出来的扒鸡风味独特。虽然当时的店铺很小，但生

意格外兴隆，每当热气腾腾的扒鸡出锅之后，店内店外总是挤满了顾客。因为每天供不应求，去晚了的顾客还常常买不到。

手抓羊肉

回族清真食品种类繁多，较有名气，耳熟能详很大众化的主要有手抓羊肉、兰州清汤牛肉拉面、西安羊肉泡馍等。手抓羊肉，因用手抓食，故名。手抓羊肉一般选用肉质细嫩的"栈羊"羔羊肉，这种肉肥瘦相间，食而不腻。调味很简单，只选用花椒、青盐、干姜数味。其特点是羊肉酥烂，味香喷鼻，细嫩爽滑，滋味绵长，不油不腻，清淡可口。

羊肉泡馍

这是西安最具有特色的清真小吃，其制作工艺分为：骨肉处理、煮肉、捞肉、掰馍、煮馍等五道工序，其特点是汤鲜味浓，馍筋光绵，不膻不腻，营养丰富。吃泡馍很讲究，要配上糖蒜、香菜和辣子酱，吃时不能上下翻搅，以免发泻。一般是从一边"蚕食"，这样能始终保持鲜味不变。

全羊席

又称全羊大菜，回族的传统名菜。源于清宫廷，为宫廷招待穆斯林客人的最高宴席。宁夏回族厨师王自忠是中国可烹制出全羊席的大厨之一。他可烹制出全羊菜二百六十多种，用羊肉可烹制出一百九十多种，如酥羊腱子、滑溜里脊、红松羊肉等；羊杂可烹葱爆心片、花炒羊肝丝凉拌等；羊骨和羊蹄都可烹出六七种。博采众家之长，烹出的全羊菜，味鲜而不腻，肉嫩而不膻，深受人们欢迎。

马昌恒果汁牛肉

四川天府特产清真"马昌恒果汁牛肉"为世人津津乐道。这道清真美食创始于 1933 年，创始人是德阳市回民马道庸。马道庸 1933 年开始从事果汁牛肉的生产。他对牛肉选料十分严格，买牛时，必须购买健壮的活牛，由阿訇宰杀。然后，把"卷子肉"去筋，放入容器中用盐水腌制，再取出晾干水气，然后卤熟，顺着牛肉横纹切成筷子粗细的条状，再进行烟熏，最后，加上二十多种天然香料拌匀，用粽叶包好。后来马道庸考虑到自己年事已高，怕绝技失传，以后有人假冒他的牌子，便把"星月"牌果汁牛肉的商标用儿子"马昌恒"的名字来替代。此后，果汁牛肉的制作改条状为颗粒状，改烟熏为油炸，质量越做越精，产品销路更畅。解放后，马昌恒向供销社传授了产品工艺，1950年"马昌恒果汁牛肉"被选为赴朝鲜慰问中国人民志愿军的珍品。

回族小吃——兰州清汤牛肉拉面

它有三个特色，一是高超的拉面功夫。和面时，淋入温盐水，拌成絮状，再揉和均匀；二是独到的调汤做肉技术。正宗的牛肉面用肉，一般分炒和煮两部分制作。前者选其精肉，切成蚕豆丁，用葱末等调料炒透，作为调制牛肉用。后者是将牛肉入清水锅，加调料煮熟，淋些辣椒油以供佐餐；三是汤、面、肉有机地调配在一起。

中华老字号"年糕钱"

"钱记笼蒸松软细，红丝枣果馅香甜。"这是对京都郭庆瑞中华老字号年糕钱的赞美之词。可见这种年糕钱当时多么的受人们欢迎。年糕钱祖居在广安门牛街，提起牛街这个祖辈繁衍的地方，许多居住在此的人都有跟年糕钱有关的童年的回忆。在干净整洁的牛街有着千年历史的清真寺。它的建筑宏伟壮观，周围古柏林立，附近的居民百分之八十是信奉伊斯兰教的。除去部分从事珠宝玉器的富商居住在四合院外，其余大部分都是小商小贩或出卖劳动力者，居住在低矮的平房。牛街流传一句口头语"回族两把刀，一把卖牛肉，一把卖年糕"。

回族这种年糕的发明者姓钱，钱老的祖父钱启承哥们六个，以卖面食为主，即卖烧馍馍等小吃，就是现在的油酥火烧，有甜的有咸的，在当时他们以卖年糕为辅。到父亲钱宝文那辈也是哥们六个，其中有四位都做本行，其父又是棚匠，主要就是卖年糕了。在当时牛街的街头巷尾一声"热切糕哇！真热哇！"街坊四邻均闻声而出，争相来买。

20世纪80年代，退休的钱老在牛街开了第一家"年糕钱"店面，成为牛街个体户卖年糕的第一人。钱老家的年糕可谓是家喻户晓。"年糕粘、豆馅甜"是当时群众给的评价，这给了钱老很大的鼓励和信心。

七家湾牛肉锅贴

在甘雨巷到处是一片拆迁的废墟，唯有一块已经严重掉漆的"贾记富春熏牛肉传人"的招牌，还能引起过路人的兴趣。该牌子已经有一百五十多年的历

史，祖传三代苦心经营才至今日。至于该熏牛肉的特点，外界早有传颂：醇而甘美、酥而爽口、肥而不腻、瘦而不柴、食不塞牙。

七家湾是南京回民最集中的居住地之一。最多的时候，这里有四百余户回民。打钉巷的李记牛肉锅贴店每天都是顾客盈门。到处都是一片繁忙：食者众，店里的伙计更是忙得不可开交；金灿灿的牛肉锅贴一锅锅出炉，食者之间偶尔还会发生一点小"摩擦"，"那一两是我先要的，我都等了半天了。""不对不对，是我先来的，给我装二两。"为什么这里的锅贴这么受大家欢迎呢？因为这里的牛肉锅贴从馅的配料到煎的火候，都有着很传统的工艺。这也难怪，已经搬迁至南湖及茶南一带的回民还不时"远道而来"，就为品尝七家湾的牛肉锅贴。慕名而来的外地食客也不在少数。

说起秘方，最关键的还是熬制牛肉的工艺。与别家牛肉一锅熬方式不同的是，李记的锅贴所选的是牛肉与牛骨交错的位置，这样就有利于牛骨的精髓慢慢渗入牛肉。

（四）风味茶

茶是回族人不可缺少的饮料，回族人民有喝茶的爱好。我国北部，西部的回族多喜欢喝茯茶，新疆叫"板子茶"，甘肃，宁夏叫"砖茶"。他们常饮的茶除了清茶、奶茶、盖碗茶以外，尚有麦茶（炒麦粒儿）、荆芥茶（加荆芥穗）、热物茶等具特殊功能与味道的风味茶。热物茶，就是在熬制茯茶时，适量加入生姜、草果、胡椒、花椒、红糖而成的茶。一般在肚痛、伤风感冒时饮用，有暖胃驱寒、发汗止痛的功效。回族人饮茶特点：在回族茶俗，喝盖碗茶是最富特色的一种。常见的八宝茶由青茶、白糖、冰糖、红枣、桂圆、枸杞、芝麻、葡萄干等构成。回族饮食中的营养平衡特点及其食品的药膳特色。

回族饮食标志特点：凡回族饮食摊点、饭馆、茶馆都挂有清真牌或蓝色布条，凡回族商品食物的包装都有清真字样或相应经文、图案。

四、星棋密布的民族分布

回族有着鲜明的个性，像蒲公英一样，种子飘到哪里就在哪里生根，发芽。可以说，他们分布在祖国各地。形成了"大分散，小集中"的壮美格局。

回族主要分布在宁夏回族自治区和甘肃、青海、河南、新疆、云南、河北、安徽、辽宁、吉林、山东等省及北京、天津等城市。

他们的居住习俗，具有悠久的历史，它与回回民族的萌芽、形成和发展有着十分密切的关系，也与回族的信仰习俗、饮食习俗等有一定联系。"番禹蒲氏在居留地的住宅，层楼杰观，晃荡绵亘，不能悉举"有史料这样记载，由此可见，回族的建筑从古至今就很有特色。

回族的住房一般都是庭院式的。围墙由土坯或砖砌成，院落中间往往用砖或土坯砌成一个圆形，方形或长方形的花池，里面栽种各种花木。

住房一般为砖木结构、坐北朝南，一门两窗，呈长方形的平顶房屋，住房一般为三间，中间为客厅，两边是卧室。室内陈设整齐、简朴、自然、大方。进门客厅正面是一张案桌，桌子正中放"炉瓶三设"，即香炉、香盆、香瓶。香瓶内插有香筷、香铲。有《古兰经》者，则在两旁放经匣，前边不放其他物品，经匣两旁放瓷帽筒、尊罐、掸瓶、瓷盘等物。也有在正中放"亥帖"，前面放香炉；或在正中放红木箱，箱上放拜匣，拜匣上放香炉的。

客厅一般多悬挂经过裱制的阿拉伯文书法对联、横幅、中堂。一些现代回族家庭则多挂帖阿拉伯文书法和《克尔白清真寺》。两侧卧室沿三面墙多设有供睡眠使用的土炕，放有供装东西用的炕柜和板箱。有的家庭已用床代替了土炕。炕上铺设席、毡、褥、单，墙上围以布单，还贴有各种剪纸、窗花。

回族人酷爱养花，不仅在院内栽种各种花草，还在室内栽养盆花。即使到了冬季，屋内也是一片春意盎然、生机勃勃的景象。

现在，随着经济的发展，生活条件的改善，现代化的家庭生活用品和装饰用品已进入各个家庭。回族的住房建设及室内陈设更多了一些现代化的时代气息。

回族盖房，不看风水，只注意选择地

势平坦、日光好、清洁和用水方便的地方。房子的造型有土木结构平房、前后两坡砖瓦房、前坡砖瓦房、二层楼房等。北方多住土木结构和砖木结构平房；南方和一些雨水较多的阴湿地区多住前坡砖瓦房和前后两坡砖瓦房、楼房等。房子一般喜欢和习惯向阳背阴，房子不讲究单数、双数，根据经济条件，量力而行，有盖两间的，有盖三四间的，也有盖五六间和七八间的。房子不论是三四间，还是六七间，中间两间一般为客房，也叫大房。其余都是单间的，按辈分居住。西北等地的回民还习惯盖高房子，即除了盖四五间平房外，再盖一间或两间二层小楼子，俗称小高楼或高房子。这种高房子多数是为家庭老人礼拜用的，以防小孩及他人打扰。   回族的房子讲究工艺和装潢，颇具民族特色。有的回民还在大门口做一照壁，照壁用石灰石或水泥装饰，绘上秀丽的自然景色和各式图画。过去一些回族宗教头面人物的住宅更具伊斯兰特色和民族特色，从房子的结构、类型、造型、工艺、装潢、布局、使用均可看出。

回民在住家上历来爱美，素以清洁、文明著称。无论是南方还是北方，城市还是农村，你只要到回民家，就会感到回民在住宅的设计、陈设、布局、装饰以及生活的点缀等方面，富有独特的民族特点。特别是回族人喜欢种花弄草，庭院里喜栽各种树木和花草，不少地方的回民还有养盆花的传统习惯，窗台上、院子里到处摆放着千姿百态、争奇斗妍的盆花。在新疆焉耆回族自治县，家家户户院子里种花、养花，一年四季都可看到盛开的鲜花，盛夏，初冬，更是万紫千红，阵阵馨香，令人陶醉。

回民除了种养玫瑰、月季、石榴、丁香等花外，北方回民特别喜欢养凤仙花，俗称指甲花；不只为了观赏和美化环境，青年妇女还常常用它来染指甲。回民的室内装饰也别具特色。一般回民家庭西墙上都悬挂阿文中堂和具有伊斯兰艺术特色的工艺制镜以及克尔白挂图等。挂历一般都是伊斯兰教历和公历对照的，图案多为著名清真寺或天房、花草等，既便于查阅回族传统节日和伊斯兰教宗教节日，又能够欣赏。

由于受阿拉伯地区风俗的影响，回族还喜爱熏香，一般家庭都备有香案和香炉，每当打扫完室内卫生后，都要燃上几柱香，使室内空气更加清新，给人以清爽舒适之感。

五、传承信仰的节日传统

回族节日中有三大节日，即开斋节（新疆地区叫"肉孜节"）、古尔邦节（也叫"宰牲节"）、圣纪节（也叫"圣忌节"）。这三个节日既是回族的民族节日，也是全世界穆斯林的宗教节日。除此之外，还有小的节日和纪念日，如法蒂玛节、登霄节、阿舒拉节等。这些节日和纪念日都是以希吉来历（伊斯兰教历）计算的。希吉来历，以月亮盈亏为准，全年为 12 个月，单月 30 天，双月 29 天，平年 354 天，闰年 355 天，30 年中共有 1 个闰年，不置闰月，与公历每年相差 11 天，平均每 32.6 年比公历多出 1 年。希吉来历分太阴年和太阳年两种，现在回族多用太阴年计算。

开斋节

开斋节在回历每年十月。犹如汉族的新年一样盛大隆重。为了这个节日，回民讲究"大净"。打扫卫生，布置房间，穿最整洁的衣服。在这个节日里，家家要炸油香、油果、馓子，摆出红枣、糕点、花糖来招待客人。回民各户在这个日子里要互相登门，庆贺节日快乐。家家户户都要准备佳肴来宴请亲朋好友，并且人们还要相互赠送油香，油果，馓子等。

从见新月到下月见新月终的一个月里，凡男子在十二岁以上，女子九岁以上，都要把斋。即从日出后到日落前，不得进食，直到回历十月一日开始为开斋，届时要欢庆三天，家家宰牛、羊等招待亲友庆贺。

按伊斯兰教规定，回历每年分十二个月，单月为三十天，双月为二十九天，每年较公历少十一天，三年相差一月余。因此，按公历计算，伊斯兰教的节日并没有固定的时间。但回历每年十月为斋月，斋月期间，穆斯林只许在每天日出前和日落后进餐。老弱病残、孕妇和小孩可以不用守斋，妇女在月经期间也可以不用守斋。在斋月里，按伊斯兰教教义要求，穆斯林要做到静性寡欲，白天戒绝饮食，即

使是不守斋的，也要尽力节制自己的食欲，决不允许在公共场所吃喝。斋月的开始和结束，均以见新月为准。斋月有时二十九天，有时三十天。经过一个月的封斋，完成了"真主"规定的"使命"，于伊斯兰教教历的十月初开斋，故称开斋节。

据伊斯兰教有关经典的记载、伊斯兰教创立的初期，在封斋满月时，伊斯兰教的创始人穆罕默德曾率领穆斯林步行到郊外公共旷野，举行礼拜，穆罕默德沐浴后，身着整洁服装，并散发"菲吐尔"（开斋）钱，从此以后，穆斯林便把这一天作为节日，隆重庆祝。目前，世界各国穆斯林都要在开斋节这一天举行礼拜和其他庆祝活动。我国信仰伊斯兰教的少数民族，在开斋节的这一天，都要沐浴更衣，聚集在附近的清真寺礼拜，然后开始节日活动。

为什么要封斋呢？穆罕默德四十岁那年（希吉来历九月），真主把《古兰经》的内容传授给了他。因此，视"莱麦丹"月为最尊贵、最吉庆、最快乐的月份。为了表示纪念，就在九月封斋一个月。起止日期主要看新月出现的日期而定。

初一的傍晚，太阳落山后，各地的回族有的到清真寺的宣礼塔上，有的到墙头上或房屋顶上，有的站到眼界开阔的地埂和渠坝上，盯着西方的天空，细心寻找月牙儿，见月牙儿就入斋。如果大多数人都没有看见，有两个以上的人确实看见了，大家也都公认"见新月了"，可以入斋了。如遇到雾气茫茫、黑云翻滚、黄沙弥天等特殊的气候条件，不能目睹新月，可推迟到初二、初三的晚上。现在，绝大多数回族都是按照这个习惯办的。

这一月，回族的生活安排得比往常要好。参加封斋的人，在东方发白前，要吃饱喝足。如果有的人起得晚了，来不及吃，那就不吃不喝，清封一天。东方发晓后，至太阳落山前，要禁止行房事，断绝一切饮食，无论是在炎热的暑夏，还是在严寒的冬季，不管是口干舌燥，还是饥肠辘辘，在任何艰难困苦的条件下，都不准吃一点东西，也不许喝一口水。平时抽烟的人在斋月里也要戒掉，做饭的人或搞饮食业买卖的人，可以品尝，但不能咽到肚子里。

这样封斋的目的，就是让人们体验饥饿和干渴的痛苦，让有钱的人真心救济穷人。通过封斋，回族逐步养成坚忍、刚强、廉洁的美德。

开斋时，若是夏天，有条件的先吃水果，没有条件的喝一碗清水或盖碗茶，而后再吃饭。这主要是斋戒的回民在夏天首先感到的是干渴，而不是饥饿。若在冬天，有的人讲究吃几个枣子后再吃饭。相传穆罕默德开斋时爱吃红枣，所以现在也有这种习惯。

以上这些，只是狭义的斋戒。而广义的斋戒不仅不吃不喝，更重要的是要做到清心寡欲，表里一致，对耳、目、身、心都要有所节制。要做到耳不听邪、目不视邪、口不道邪、脑不思邪、身不妄邪。如果只禁饮食，挨饥饿，而两面三刀，恶语中伤，横行霸道，胡作非为，是不符合斋戒真谛的，也是不全面、不完美的。

至斋月第二十七日，"坐夜"。回族群众认为，在这一夜，安拉把全部《古兰经》通过哲卜利勒天使下降给穆罕默德。在这一夜做一件好事，胜过平时一个月所做的事。因此，在这一夜，一般都要做些可口的开斋饭，特意送到清真寺里让大伙儿吃，有的还请一些人到家里吃开斋饭，经济条件较好的还设宴待客。吃完饭，可以到清真寺赞圣、诵经，也可以在家砸一些核桃，炒一些瓜子和花生，或煮一些羊骨头，边吃边聊天。整夜不眠，通宵达旦。

随着社会的发展，回族的开斋节也增添了不少新的内容。全国回族聚会的一些地方，除节日参加聚礼等活动外，还组织各种文娱活动。如辽宁鞍山市的回族青年，在节日里耍狮子舞，踩高跷；河北沧州地区的回族在节日里表演武术；保定一带的表演摔跤或举行比赛；西北一些青年在节日里摔跤、扳手腕、拧指头；城市里一些回族喜欢游公园等等。

古尔邦节

古尔邦节，阿拉伯语音译"尔德·古尔邦""尔德·阿祖哈"，意为"牺牲""献身"，故亦称"宰牲节""献牲节""忠孝节"，因而又称为"宰牲节"即献牲节，在回历十二月十日。古尔邦节是伊斯兰教的三大节日之一。由于地区不同，民族不同，称呼也不一样。回族称之为古尔邦节，新疆的维吾尔、哈萨克、柯尔克孜等民族称之为库尔班节，甘青海等地的东乡、保安等民族称之为尔德。

回族

节日期间，人们收拾得干干净净、整整齐齐。清晨，穆斯林要沐浴馨香，衣冠严整，前往清真寺。见面时相互问候节日快乐，热情握手。然后由"伊玛目"（教长）带领穆斯林进入礼堂举行节日会礼。

节日里，一般家庭都要宰一只羊，还有的要宰牛。屠宰的牲畜肉不能出售，除了将规定的部分送给清真寺和宗教职业者外，剩余的都要拿出来招待客人或赠送亲朋好友。经济条件一般的家庭则访问亲友，馈赠油香，相互祝贺节日。客人登门祝贺时，主人要把牛羊肉、糕点、糖果、茶拿出来招待，彼此亲热交谈。

节日当天不吃早点，到清真寺做过礼拜之后宰牛献牲。献牲的牛羊，要体态端正，无缺损，宰后的牲畜按传统分成三份，一份施散济贫，一份送亲友，一份留自己食用，与伊斯兰教密切关联的回族把它当做自己的民族节日，并以各种方式热烈庆祝。宰牲节是回族的传统佳节。回族的祖先每年都要在规定的时间宰杀一定数量的牲畜（牛羊等），分送给周围的人，以表达对真主安拉的诚心信仰。

为什么要宰牲过古尔邦节呢？当时有这样的一个传说：伊斯兰教的古代先知之一易卜拉欣家贫如洗，年纪很大了，身边连个儿女也没有。有一次，一个牧主当众耻笑他。当天夜里，他就沐浴更衣，向安拉许愿说："慈悲的真主啊！我是你的虔诚信徒与传道人，可是家境贫穷，没有牛羊可供宰杀，别人就轻视我，耻笑我，如果你让我生个儿子，我就把儿子宰了，分送给别人，以见我的诚心。"易卜拉欣许愿后不久，他的妻子果然怀了孕，生了一个又白又胖的小男孩。取名叫伊斯玛尔乃。由于是头胎孩子，心里乐滋滋的，时间久了，把向真主许愿的事抛在脑后了。他的儿子一年年长大了，到了十二岁时，长得眉清目秀，聪明伶俐，格外惹人喜爱。易卜拉欣把他看做掌上明珠，有一天晚上，他在梦中好像有人对他说："你许愿宰儿子，现在你儿子都十二岁了，干吗还不兑现承诺？"易卜拉欣惊醒后，许久才入睡，谁知入睡后又做了同样的梦，一连做了三次，易卜拉欣再也睡不着了。他想想心爱的儿子，又想起过去许下的诺言，好像真主安拉就站在他面前，不知怎么办才好，最后他下了决心，要把儿子杀掉，以表示自己对安拉的诚心。刚好，第二天正是回历十二月十二日，易卜拉欣叫儿子穿上新衣，到爱夫卡尼山去游玩，并叫儿子不要让他母亲知道。父子二人到了山上，易卜拉欣就把他在真主面前许愿的经过原原本本地讲给儿子听，儿子听后，就恭恭敬敬地给父亲叩了个头，然后说："父亲，我顺从您的话，把我的手绑上，把你的衣服拦住，不要叫我的血溅到您的身上，免得回家让母亲看了伤心。"易卜拉欣流着泪把儿子绑了后，就用随身带去的钢刀向儿子的脖子砍去。可是，钢刀一碰到脖子，刀刃就卷了。易卜拉欣无可奈何地把刀扔到一块巨石上，巨石一下被劈成了两半。这时，儿子流着泪对父亲说："您为啥不杀我了？是您心痛了吗？怕我不顺服您？如果是这样，那么你就用毛巾把您眼睛蒙上。把我解开，我站在你面前表示我也是顺服的。"易卜拉欣听后，流着泪把儿子解开，又把钢刀磨利，把自己眼睛蒙住，向儿子脖子砍去。可是当刀落到儿子脖子后，刀刃又卷了。一而再，再而三，都未把儿子杀死。正在这时，易卜拉欣的跟前忽然出现两只绵羊，似乎还听到有人在说："你不要再杀你的儿子了，我们已看到了你的诚心，你杀掉你面前的两只绵羊，就算是杀了你的儿子。"易卜拉欣心想，这是真主安拉的指示，于是就虔诚地对空叩拜，然后就把那两只绵羊杀了。此后人们就把这一天定为"宰牲节"（又叫忠孝节）。

　　每年过"宰牲节"时，凡牲畜超过一定数量的人家，都要宰杀一些牛羊。凡宰杀的牛羊，都必须有个规矩；绵羊要一百八十一天的，牛要两年零一天的。宰杀的肉，自家可食用四分之一，其余的送给最穷的人。

　　从此以后，阿拉伯人便根据这一传说定期宰羊献祭。相沿成俗。伊斯兰教创立后，承认先知易卜拉欣为圣祖，并把伊斯兰教历太阴年十二月十日定为"古尔邦节"。我国公历与伊斯兰教历每年有十一天的日差，故每年古尔邦节的公历日期不固定。"古尔邦节"是伊斯兰教重大的节日。节前，穆斯林们家家户户打扫得干干净净，忙于宰杀牛羊，精制糕点。节日这天，穆斯林们便沐浴礼拜；各家宰羊，杀驼或屠牛，分发贫民，接待宾客，馈赠亲友。穆斯林在清真寺里举行聚礼，听阿訇朗诵《古兰经》等教义。有的成群结队，到亲友家

中拜访，主人按照传统的礼节，摆出丰盛的筵席，大家同食羊肉、油食糕点和瓜果等，亲密畅谈，盛装的青年男女尽情地在许多庭院中、广场上载歌载舞，沉浸在欢乐之中。

茂鲁德节

茂鲁德节，是纪念穆罕默德的诞辰和逝世的纪念日，也称圣纪节。

穆罕默德于伊斯兰教历纪元前五十一年三月十二日诞生于阿拉伯麦加一个没落的贵族家庭，取名穆罕默德（意为"受到高度赞美的人"）。

伊斯兰教历第十一年三月十二日穆罕默德因病归真，终年六十三岁，葬于麦地那。

由于穆罕默德的诞辰与逝世恰巧都在伊斯兰教历三月十二日，因此，一般合称"圣纪"。为纪念穆罕默德的诞生而举行。节日这天首先到清真寺诵经、赞圣、讲述穆罕默德的生平事迹，这天晚上的菜以炒牛肝最美味。

节日活动多由清真寺主持。届时，穆斯林要穿戴整齐，到清真寺沐浴、更衣、礼拜、听经，讲述穆罕默德的历史和创建伊斯兰教的功绩。然后休息一天，相互拜访。

法蒂玛节

回族的法蒂玛节在每年的斋月十四，即伊斯兰教历九月十四日。为纪念穆罕默德的女儿、阿里的妻子法蒂玛，由回族妇女亲自出动，收敛钱粮，选择一个住宅宽敞的回族家里，架几个特大铁锅，熬几大锅杂豆粥，烙一些油香或炸油香，请阿訇念经祈祷并赞颂圣女的事迹，回族也叫"女圣纪"，之后，让全"坊"的男女老少一起来吃。这杂豆粥是用黄米、小米、大米、扁豆、豌豆、绿豆、大豆等十几种豆类加肉丁和葱、姜、盐等各种调料熬成的一种稀粥。

吃这种杂豆粥是有来历的。传说很早以前，法蒂玛的丈夫阿里带兵打仗已三天三夜没东西吃了，兵荒马乱，为安抚人心，法蒂玛到河边拣了一衣襟各式各样的小花石头，拿回来淘洗了两遍就下到锅里煮，在人们正闹着要吃饭时，

中国民族（一）

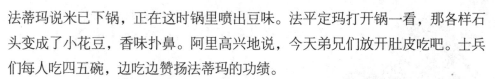

法蒂玛说米已下锅，正在这时锅里喷出豆味。法平定玛打开锅一看，那各样石头变成了小花豆，香味扑鼻。阿里高兴地说，今天弟兄们放开肚皮吃吧。士兵们每人吃四五碗，边吃边赞扬法蒂玛的功绩。

为了纪念法蒂玛的这一传奇行动，表示对她的尊敬，至今回族当中仍保留着吃杂豆粥的习俗。回族把这一天叫妈妈会，也叫法蒂玛节、姑太节或粮食节。

阿述拉节

西北部回族节日，即时要选用当地的五谷杂粮，掺上牛羊杂碎煮熟食用，节日期间宴请客人必备手抓羊肉，其次是用鸡肉做成的各种菜肴。

回族人民过完开斋节第一百天，还要吃一次阿术拉饭。

阿术拉饭是用黄米、小米、大米、小麦、大麦，以及扁豆、豌豆、黄豆、绿豆等几十样豆类加红枣、核桃熬成稀饭。回族为什么要吃阿术拉饭呢？

传说在很早以前，圣人阿里带兵打仗，打了三天三夜以后，人无粮，马无草。士兵们回来，黑压压地站了一大片没有饭吃。阿里的妻子法蒂玛买了一口锅，就是没有米面可以下锅。阿里心里很不安：这么多人吃不上饭，怎么打仗呢？

他把儿子哈赛和哈桑叫来吩咐道："城里有个多斯提是个木匠，你们兄弟俩去向他借些米来。"阿里把人名和地名讲得清清楚楚，弟兄俩就出发了。这时，士兵们饿得心里发慌，有的士兵探进头来问："饭熟了没有，我们都快饿死了。"

法蒂玛为了安抚人心，只好连声说："快了，快了，再等一会儿。"可是等来等去不见兄弟俩回来，法蒂玛实在忍不住了，就跑到路口把各式各样的小石头捡回来，淘洗了两遍就下到锅里。

过了一会儿，哈赛和哈桑每人提了一个布袋回来了。法蒂玛很高兴地迎上去问："借到吃的没有？"

哈赛怕士兵听见，悄悄说："借到了，妈妈你看。"法蒂玛一看是一袋木屑，顿时失望了。这时外

回族

面的人喊叫的声音越来越大了。法蒂玛没有办法，只好把木屑倒进锅里。

阿里和士兵们正在闲聊，一看哈赛和哈桑回来了，急忙进屋查看。哈桑叹了口气说："你的多斯提不搭理我们。"阿里把锅盖打开，看见尽是木屑和石头。一家人你看看我，我看看你，都想不出办法来。法蒂玛只顾往灶膛里添柴禾。

过了一会儿，锅里忽然飘出一股米味和豆味。阿里感到很好奇。法蒂玛急忙把锅盖打开。哈哈，一大锅稀饭。她舀了一勺仔细一瞧，木屑和石头都成了黄米、小米、白米。各式各样的石头都变成了各种豆子，满屋子都香喷喷的。她尝了一口，十分可口。阿里高兴地跑去通知士兵们："穆民们，今天的饭特别香，你们放开肚子吃吧。"

人们像潮水一样涌到屋子里，法蒂玛、哈赛和哈桑舀都来不及舀。说也奇怪，锅子看着不大，可是总也舀不完。穆民们有的吃了三碗，有的吃了五碗，都吃饱了。

至今，回族在吃阿术拉饭时，还是尽情地吃，凑钱凑粮一起做着吃，直到把吃得很饱。回族们把这天叫粮食节，也叫妈妈会。

除了以上的节日外，不得不提到"盘坡草原盛会"，也称为"峨堡会"。是青海省门源回族自治县举行的盛大的赛马会，这附近的藏、蒙古、土、汉等民族也都来参与。于每年的农历八九月间，秋高气爽，膘肥马壮的时候举行。

盘坡草原牧场辽阔，水草丰茂，以"门源马"著称。"门源马"又叫北大（这里读"代"的音）通马，青海聪。这种马是我国青海湖著名的"龙驹"马的后裔。以形体匀称，身长肚小。机警灵敏，耐力强，擅奔跑驰名中外。唐代大诗人杜甫曾作诗云："此马临阵久无敌，与人一心成大功。……五花散作云满身，万里方看汗流血。"

节日早晨，参加比赛的骑手和附近的牧民纷纷赶到盘坡草原。宁静的草原顿时人山人海，热闹非凡。

赛马场外，锣鼓喧天、彩旗飘扬。参赛的骑手们英姿飒爽，骏马昂扬挺立。一声枪响，赛马开始了，只见匹匹骏马四体腾空，尘土飞扬，骑手们俯身上马，好像闪电一样从人们面前掠过。此时，赛马场上响起了一阵阵雷鸣般的掌声和叫好声。

　　赛马比赛结束以后，紧接着就是走马比赛。骑手们各个精神抖擞，手执缰绳，分组排列，从起跑线外三百米的地方跑过来。临近起跑线时，只听哨声一响，骑手们飞身上马，骏马一个个竖立起来，前蹄腾空，一嘶长鸣，接着撒开四蹄，全力奔跑。骑手们各个身手不凡，倚于马背。

　　当夕阳西斜，夜幕降临，盘坡草原又是另一番美丽的景象。一堆堆篝火熊熊燃烧，清脆的歌声四处飘扬，伴着乐器悠扬的曲调，在盘坡草原的上空飘荡。各族人民在歌声中翩翩起舞，而那些上了岁数的老人则举杯畅饮。此时的盘坡草原完全沉浸在各族人民团结友好的欢乐氛围中。

回
族

六、与众不同的习俗讲究

要真正的享受回族清真美食，就要了解回族饮食的习俗讲究。

在饮食方面回族严格禁食猪肉和狗、驴、骡等不反刍动物的肉，禁食一切动物与飞禽、家禽的血，并严格禁酒。牛羊肉在回族饮食中占有相当重要的地位，回族认为羊是洁净的动物。回族人主食中特色食品主要以面食见长。回族人接待宾客，给孩子过满月，婚礼宴请和每逢开斋节、古尔邦节等重大节日都要炸馓子、油香以示庆祝。

回族有不养猪，不吃猪肉的禁忌。这种习俗是从伊斯兰教的阿拉伯半岛传入我国的。原来的阿拉伯半岛大部分是沙漠和草原，居民都以游牧为生，他们放牧牛羊骆驼，没有养猪的习惯。回族是一个全民信仰伊斯兰教的民族。伊斯兰教是一个注重卫生、讲究卫生并有一定饮食禁忌的宗教，最主要的禁忌源于《古兰经》的规定。回族除禁吃猪肉外，还忌"自死物"、血液等。即使是牛羊自死的，像冻死、砸死的都不能吃。原因是这些自死的动物的血液没有从体内全部流出，血液中难免有病毒，伊斯兰教之所以禁止信徒吃用这些东西，是出于"重视人的性灵纯洁和身体安全"。

伊斯兰教对饮食的禁忌是每个穆斯林必遵的教规。年深日久，代代相遵，教规的内容逐渐变成信仰该教的各民族成员的饮食习惯。对全民信仰伊斯兰教的民族来说，这又成为该民族的传统生活方式的组成部分。我国信仰伊斯兰教的回、维吾尔、哈萨克、东乡、塔塔尔、乌孜别克、柯尔克孜、撒拉、塔吉克和保安等十个少数民族都遵守这一习惯。现在伊斯兰教的饮食规范已成为全世界十亿多穆斯林们的共同生活习惯，具有民族性和国际性。

禁饮浊水，回族对水有特殊的感情，尤其是对泉水和自来水，井水。这些水清洁，凉爽，没有污染，能够保障人们的健康。在一些回族的聚居的地方，有专门的水井，井口用砖砌上井沿，加盖，还有公用的水桶。以防各家各户的水桶把病菌或脏东西带入井内。

回族还有禁忌麻醉品的习俗，这具有广泛的社会意义。回族人民禁烟酒。抽烟喝酒视为恶习，一般家庭亦无烟酒招待，如果在老人面前抽烟喝酒，会引起老人反感而疏远感情。赌博是回族的一个大忌，认为是"大罪""秽行""恶魔的行为"。这种意识和情感无论在过去还是现在都是进步的。

回族人民特别爱清洁，讲卫生。回族有"大净""小净"的习俗。《古兰经》上说："当你们起身去礼拜的时候，你们应该洗脸和手，洗至于两肘。应该摩头，洗脚，洗至两踝。如果你们是不洁的，你们就当洗周身。"回族的"大净""小净"的习俗，既有信仰意识，又有对生活美的追求。"大净"的做法是：先做"小净"（不洗脚），然后沐浴全身。顺序是：先冲头，再右半身，左半身，然后下身，最后冲洗两脚。"小净"的做法是：先洗两便（肛门和生殖器），在洗两手至手腕。再摸头，摸耳，摸脖颈，最后洗右脚和左脚。所用的工具是"汤瓶"和"吊罐"。吊罐吊在门背后的房梁上，地下一个小水池子，有下水道通往屋外，近似淋浴设备。"汤瓶"用来洗手洗脸，一般不用脸盆。回族特别注意经常用温水洗两便，无疑是对一些炎症的发生和疾病的传染，有着不可轻视的预防作用。

有关饮食行为如做饭、盛饭、倒茶、吃喝之前，须以阿拉伯语默念"比斯命亮"（奉特慈普慈的真主之命）一语，否则视为"糊涂"；一切动作的进行都需顺手干，严禁背手干。敬茶、端饭要用双手，单手端饭递茶是不尊敬人的表示。严禁抛洒饭菜、馍渣，洒在桌子上的食物（尤其是面食），一定要捡起来吃掉，这项要求对儿童尤其严格。

在日常生活中，见面都要问安。客人来访，要先倒茶，还要端上瓜果点心或自制面点招待，而且所有家庭成员都来与客人见面、问好。若遇上老年客人，还要烧热炕请老人坐，并敬"五香茶"或"八宝茶"。送客时，全家人都要一一与客人道别、祝福。有时远客、贵客还要送出村庄或城镇才分手。

回族的婚俗很有特色。

回族男女成年以后，任何一方家长看中了对方的子女，就先请本族的长辈和亲友为子女提亲。第一次提亲要

带四个包，分别包着糖、细茶、核桃、枣。若是不收，不说"色俩目"，就表明亲事不成。若女方家热情的收下礼物，并招待男方亲属，说"色俩目"，就表示同意这门亲事。

回族尊重子女的意见，提亲时，男女双方家长都要把自己子女的情况说清楚。子女不同意，父母不能强迫。一些山区的回族姑娘，当父母征求意见的时候，有的低头不语，有的莞尔一笑，有的微微点头，都是在表示满意这门亲事。

提亲后，若对方答应，就要择吉日订婚。回族一般以"主麻日"——星期五，为吉日。婚礼日期由双方商定。婚礼仪式男方比女方家热闹。

回族结婚仪式有的地方是在晚上进行。晚饭吃后，在红烛光中，由主婚的阿訇念经证婚，并为新人夫妇取经名，念经祝福，将喜糖喜果送给新郎，由新郎撒入房中，众人在房中抢过后再接过阿訇散发的糖果方才散去。晚上在客堂中闹新房，常是笑声嬉戏声不断，直到深夜才止。结婚的第二天叫回门，新郎新娘回娘家，主要是新娘家请客，新郎和新娘家众亲友会面认亲。后双双返家。第三天叫复门，新娘单独回娘家。至此，整个婚礼方告结束。

结婚筵席一般都要八至十二道菜，忌讳单数，象征新婚夫妇永远成双成对。甘肃地区的新婚夫妇生头胎，男方要携带礼物去女方父母家及至亲家报信，十天内岳母要携红糖、米等营养品和小孩穿的衣物来看"小月子"。男方家要设宴款待来客。

回族的婚俗中，不主张寡妇守寡，允许其改嫁。这种民族意识和情感，具有浓厚的人性美，展示了回族人民对妇女人格、人性的尊重。

这些禁忌风俗和观念都是善良的、和美的。是回族人民的特色标志。

回族的丧葬礼，是人一生结束后由邻里乡亲、朋友等进行哀悼、纪念、祈祷的一种仪式，是回族民俗中一个重要的组成部分。回族群众认为，生是死的起点，死是生的结果。作为在世的人，对于亡人不论其贵贱或贫富，不管是子孙满堂，还是鳏寡孤独，都要尽埋葬的责任，并要葬之以礼。回族的葬礼，既有回族的习俗特点，又有伊斯兰教处理死者的信仰性质。

中国民族（一）

回族丧葬习俗随着回族的形成而逐渐形成。回族的丧葬习俗至迟在明代就已基本形成。明代回族著名学者李贽生前遗嘱："倘一旦死，总择城外高单，向南作一坑，长一丈，阔五尺，深至六尺即止。既如是深，如是阔，如是长矣，然复就中复掘二尺五寸深土，长不过六尺有半，阔不过二尺五寸。以安予魄。既掘深了二尺五寸，则用芦席五张，填平其下，而安我其上，此岂有一毫不清净者哉！我心安焉，即为乐土，勿太俗气，摇动人言，急于好看，以伤我之本心也。虽马诚老能为厚终之具，然终不如安余心之为愈矣。此是余第一要紧言记。我气已散，即当穿此安魄之坑。未入坑时，且阁我魄于板上，用予在身衣服即止，不可换新衣等，使我体魄不安。但面上加一掩面，头照旧安枕，而加以白布巾单，总盖上下，用裹脚市甘字交缠其上。以得力四人平平扶去。待五更初开门时寂寂抬出，到街扩所，即可装置芦席之上，而板复抬回以还。"

回族人民在临终的时候，要从卧室移到厅堂边，厅堂内外都要保持安静。人未断气，亲者不得放声哭泣。亡者弥留之际，家属亲人不得强求遗嘱。人一断气，立即将死者的衣服全部脱光，然后用白布盖在尸体上，同时点上香，以避浊气。

回民的死亡称为"归真"又曰"无常""毛提"。"无常"是借用汉语，即逝世的意思。"毛提"是波斯语，也即逝世之意。"归真"是回族群众对笃信宗教和宗教职业人员以及宗教上层人士去世的称法。回族无论怎么称呼逝世。但都忌说"死"这个词。为什么呢？这与受伊斯兰教的影响有很大关系。因为伊斯兰教把死当作一个人最后的必然归宿，并把它理解为嘎来布（即肉体）的消失和"罗罕"（精神）的升华，是人生的复命归真，而不是生命的归结。所以。久而久之，在回族当中就形成了一种习惯，忌说"死"字。

回族的葬礼有以下几个特点：

第一，回族实行土葬，忌火葬。回族实行土葬，传说是根据伊斯兰教关于安拉造化人类始祖阿旦，是由土上造成，死后仍归于土上而来的，有"入土为安"之说。回族有句俗语说："天下的土地埋天下的回回。"这就充分说明了回族实行土葬，并且死在哪里就埋在哪里。

回族的土葬法跟汉族和其他少数民族（除信仰伊斯兰教的民族外）的土葬有着很大的不同之处。回族的土葬不用棺椁，由来已久，且至今还保持着。

清咸丰时回族宗教学者蓝熙所将《天方正学》说；"清真殡葬，不需棺椁，以身归土。因其清净也。"《陈江雁沟里丁氏族谱·感纪旧闻》记载，回族丧葬是"殡不以木"。现在回族人亡后，仍不用棺椁，只是用木板等来安放尸体，葬后再拿回木板或木匣。

第二，回族主张速葬。回族的丧葬根据伊斯兰教"三日必葬"的规定，一般是早上死，下午埋，晚上死，次日早上埋，最多不能超过三天。个别情况的，也有第四天埋的。

清代初回族著名宗教学者刘智在《天方典礼择要解丧葬篇》说："按圣教，翌日必养。盖谓尸以入土为安，不得久停。"泉州回族《丁氏族谱祖教说》在反映明朝嘉靖年间丁家丧葬习俗时说，这里的回族习俗多年来一直是"葬不过三日"。这样做是为了避免停尸过长，尸体腐烂发臭，以保持卫生。

第三，从俭节约。回族由于受伊斯兰教"葬必从俭"的影响，在处理丧事上，主张薄葬，提倡俭省节约，反对铺张浪费。回族有一句俗语："死后铺金盖银，不如生前厚养孝顺。"所以，现在回族办丧事，一是不用棺，只用三丈六尺白布缠身。回族这种从俭习俗，不仅现在这样，过去也是比较注意的。如泉州回族《丁氏家谱说》，回族亡者"殓不重衣"，这就明确了回族人亡后不穿戴各种衣服等。二是不设灵位，不搞繁文缛节；出殡仪式简单、安静，不雇用吹鼓手吹吹打打，也不讲究任何排场，埋葬不用殉葬物，不搞什么纸车纸马、童男童女等陪葬品。送葬中禁止摆设任何祭品，不举行任何祭典。

第四，一律平等。回族在处理丧事上的一律平等是指无论是地位较高的掌权者，还是有一定影响和威望的阿訇、学者，或者普普通通的教民，鳏寡孤独无人照料的人，再或者是长寿的百岁老人，哑哑学语的幼儿，都无贫富贵贱之分，一律平等。都是在阿訇的引导下，用水冲洗后，白布缠身，举行殡礼，最后将尸体抬往墓地安葬。

第五，有自己的场地。不管是回族聚居区，还是与汉族杂居区，回族人民都有自己圈好的坟地，决不允许别的民族人在此埋葬，他们也不到其他民族的坟地去埋葬。在回族聚居区，有的为了就近方便，还根据地域、家族等情况，分几个坟地。回族不信风水，只要干燥、平稳的地方就可作坟地。凡是回族都可以埋在一起，各占一穴地，反对多划地界，抢占地盘。

回族人在临终前，都要有以下习俗：

一是请阿訇给病人念"讨白"，祈祷真主饶恕病人的罪过，要求病人忏悔和反省自己。

二是要"口唤"，即病人生活的圈子中的邻里乡亲、朋友发生过矛盾，甚至结下仇恨的，这时要主动向病人说"色俩目"，说明原委，从此消除误会与隔阂，互相原谅。

三是病人病危时，要保持周围环境的肃静，不能乱哭乱喊，嬉笑吵闹，尽量少在病人跟前行走。除了病人的亲人和守候在病人身旁的阿訇或在群众中德高望重并懂得伊斯兰教教规的人以外，其他人均不能进入探望，直到病人逝世。

回族的人民如棋盘上的棋子一样散落在祖国各地，东到长江三角洲，西至帕米尔高原，南起海南岛的"天涯海角"，北达黑龙江畔。这些地区回族的丧葬仪式大同小异。

清真寺是穆斯林的主要宗教活动场所，阿拉伯语称清真寺为麦斯吉德，也就是礼拜的场所。

清真寺在形式上是穆斯林进行宗教活动的场所，实质上它又是穆斯林同胞经济生活、政治思想和文化活动的集中体现。

历史上，随着回族在发展中的不断壮大，回族穆斯林逐渐遍布全国。同时，具有浓郁民族特色的清真寺也陆续在全国出现。

从外形看，清真寺的建筑风格有明显的民族特色，形式多种多样，清真寺大都具有中国宫殿式古典建筑特征，也有不少清真寺建筑风格为纯粹的阿拉伯式风格。

（一）　"清真寺"名称由来及含意

北京东四清真寺建于元至正年间，据寺内碑记载："清真寺初名礼拜寺，寺成，蒙恩赐额曰清真寺。"对皇帝赐额"清真"这个称呼，广大回族穆斯林是认可的，因为当时在我国众多的回教寺中，泉州有个"清净寺"，杭州有个"真教寺"，将这两个寺名称组合，可构成清真教、清真寺。另外阿訇们将清真一词与伊斯兰教教义紧密联系，从宗教意义上解释了清真两字："清"指主的清净无染，"真"指主的独一至尊。

（二）　我国清真寺建筑风格

清真寺以其特有的建筑风格，在我国建筑史上占有重要的地位。我国的清真寺从建筑风格看上有两类，一类是圆柱拱顶的阿拉伯式建筑，外观为穹顶式建筑，大殿上有一大四小半圆形绿色穹顶，顶上有一弯银白色新月。另一类是中国特色的宫殿式建筑，多采用四合院式。我国的清真寺寺院，清新宁静，古朴典雅。寺院墙壁上绘有各种花卉图案，殿门多是古体字《古兰经》经文浮雕、阿拉伯文匾额，图案绘画装饰肃穆庄严、别致。

（三）　我国著名的清真寺

中国著名的清真寺不少，其中广州怀圣寺、泉州圣友寺、杭州凤凰寺、扬州仙鹤寺被称为东南沿海"四大古寺"。北京的牛街礼拜寺、东四清真寺、法明寺、普寿寺在历史上被称为"四大官寺"。西安化觉巷清真寺以规模宏大、造型别致、庄严浑朴的特色，在全国清真寺建筑群中首屈一指。济宁西大寺的礼拜大殿，其规模之大，仅次于北京故宫中的太和殿。宁夏同心清真大寺，沧州清

真北大寺、新疆喀什提尕尔清真寺，也都是全国伊斯兰教名寺。

广州怀圣寺

据伊斯兰教学者考证，广州怀圣寺系唐代所建。怀圣寺创建的原因，是怀念圣人穆罕默德，故以"怀圣"取作寺名。

泉州圣友寺

圣友寺又名麒麟寺、清净寺。明成祖敕谕刻在寺门右侧墙壁"大明皇帝敕谕米里哈只，朕惟能诚心好善者，必能敬天事上，劝率善类，阴翊皇度，故天赐以福，享有无穷之庆祝……"

扬州仙鹤寺

传说是伊斯兰教先知穆罕默德第十六世裔孙普哈丁来扬州传教的时候所建。礼拜殿由两部分组成，前部为意境檐硬山顶，后部为重檐歇山顶，顶与顶勾连搭成。殿内宣谕角亭，系藏《古兰经》用。殿南侧的明月亭，又名望月亭，千树墨演戏这座清真寺既有伊斯兰建筑的风格，又有浓郁的地方特点。

杭州凤凰寺

凤凰寺又名真教寺。据史料记载，始建于唐，毁于宋，重建于元，明清皆曾增修扩建。新中国成立后，这座千年古寺被修葺一新。

北京牛街礼拜寺

牛街礼拜寺在北京宣武区广安门内牛街，是北京市规模最大、历史最悠久的一座清真寺。它建于北宋至道二年（996），明正统七年（1442）整修，新中国成立前这座礼拜寺已经破烂不堪。新中国成立后，对这座古老的伊斯兰教寺院进行了多次修整。1980年又进行了修葺，使这座礼拜寺面貌一新。

牛街礼拜寺主要建筑有礼拜殿、宣礼楼、望月楼和碑亭等。这些建筑采用中国传统的木结构形成。寺内还保存着一座铸有阿拉伯文的2.7米高的铁香炉，一块明万历年间建造的记载着明宣德正统年间重修礼拜寺经过的石碑，以及清乾隆四年（1739）造的大铜锅等重要文物。

西安化觉巷清真寺

西安化觉寺巷清真寺亭台座座，阁殿幢幢，雕梁画栋，深邃幽雅，占地约为 12500 平方米，建筑面积约 4000 平方米，是我国现有清真寺中规模较大、保存比较完整的明清风格建筑群。其建筑风格体现了伊斯兰文化与中国传统建筑艺术的有机统一，是迄今为止我国最早特色、最典型的中国式清真寺之一。

新疆喀什艾提尕清真寺

在世界屋脊帕米尔高原脚下，中国最大的塔克拉玛干沙漠西缘，有一座多民族聚居的小城——喀什，这里曾经是我国西部最早的国际市场，是古丝绸之路上的一个重要驿站。

艾提尕尔寺造型精美，高大的长方形寺门两侧，矗立着高高的米黄色塔楼，顶装饰着新月形的金属塔尖，与白色拱顶交相辉映，十分巍峨壮丽。

同心清真大寺

同心清真大寺相传建于元末明初，是一座把我国传统木结构建筑和伊斯兰木刻砖雕装饰艺术融为一体的独特建筑。在寺门的墙上有两块石雕横额，一块字迹已被风蚀，据说是明代万历年间刻的；另一块字迹尚可辨晰，上书"乾隆五十六年辛亥蒲月重修"。可见，这少座寺院至少有 400 年的历史了。

同心清真大寺，也是我国最早的回族人民自治红色政权建立地。1936 年 10 月 20 日，红军西征期间，在这里举行了陕甘宁省豫海县回民自治政府成立大会。红二、四方面军与一方面军会师的时候，朱德总司令、周恩来都来到这里，还在军民联欢会上讲了话。

纳家户清真寺及"中华回乡园"

纳家户清真寺历史悠久，位于宁夏永宁县杨和乡纳家户村。据记载为元初贵族纳速拉丁之后裔姓子孙从陕西移居宁夏后于明嘉靖三年（1524）所建，距今已有 480 年历史。

（四）清真寺的功能

严格说起来，我国"清真寺"这一名称与阿拉伯语 Masjid"麦斯吉德"之

中国民族（一）

间不尽相同，是有区别的。

　　Masjid"麦斯吉德"是指礼拜的场所，而我国清真寺的字面含义要更深一些，更含蓄些，所指范围也更广泛些。事实上，我国回族穆斯林所称的"清真寺"也是一种带有中国特色的名称了。

　　综上所述，中国清真寺的社会职能是多方面的，它既是回族穆斯林进行宗教活动的中心场所，更是回族穆斯林进行政治、经济、文化、教育、体育、生活等一切社会活动的中心场所。与阿拉伯国家专做礼拜用的"麦斯吉德"相比，社会职能的多样化是中国清真寺的一大特点。

回

族

藏　　族

　　在神圣的雪域高原上生活着这样一个民族，他们能歌善舞、热情好客，有着自己的文化底蕴和悠久历史，他是中华五十六个民族瑰宝中璀璨的一颗，这就是雪域高原的魂——藏族。一提到藏族，大家一定就会马上联想到，藏民族赖以生存的圣土——青藏高原。那是多少向往美好和圣洁之士都魂牵梦绕的地方。让我们带着这份崇敬来到这片圣土，了解这个古老的民族。

一、动人心弦的雪域神话

（一）藏族的起源

一提到藏族，大家会马上联想到藏民族赖以生存的圣土——青藏高原。那是多少向往美好和圣洁之士都魂牵梦绕的地方。让我们带着这份崇敬先来看看这片圣土的形成。在关于它来历的诸多传说中"沧海桑田传说"最为著名。

据说在很早以前，青藏高原是一片无边无际的海洋，海涛声声，海浪此起彼伏，击打着长满松柏、铁杉和棕榈的海岸，奏出明快的乐章。森林之中，重山叠翠、云雾缭绕，森林里长满了各种各样的奇花异草，羚羊成群欢快地奔跑，犀牛三五成群地迈着悠闲的步伐在湖边饮水，杜鹃、画眉和百灵鸟，在树梢欢快雀跃地唱着明亮的歌曲，兔子更是无忧无虑地在绿意盎然的草地上嬉戏。它们营造出一副祥和、安定的美丽画卷。可是有一天，海里突然来了一条巨大的五头毒龙，把森林搞得乱七八糟，搅起万丈波浪，摧毁了花草树木，打碎了这美好的景色。生活在这里的动物为了躲避灾难，都向东边跑去，于是东边森林倾倒、草地淹没；它们又涌到西边，西边也是狂涛恶浪。正当动物们走投无路的时候，突然，大海的上空飘来了五朵彩云，变成五位慧空行母，她们来到了海边，施展无边法力，降伏了五头毒龙。妖魔被降服了，大海也恢复了平静，生活在这里的小鹿、羚羊、猴子、兔子、鸟等动物，对仙女顶礼膜拜，感谢她们的救命之恩。五位慧空行母想告辞回天庭，怎奈众生苦苦哀求，请求她们留

下来为众生谋福。于是五位仙女发慈悲之心，同意留下来与众生共享太平。五位仙女施法令大海退去，于是，东边变成茂密的森林，西边变成万顷良田，南边变成花草茂盛的花园，北边变成无边无际的牧场。那五位仙女则变成了喜马拉雅山脉的五个主峰，即：祥寿仙女峰、翠颜仙女峰、贞慧仙女峰、冠咏仙女峰、施仁仙女峰，屹立在这边土地的西南部，守卫着这

幸福的乐园；那为首的翠颜仙女峰便是珠穆朗玛峰，当地人民都亲切地称之为"神女峰"。

在古老的经书之中或是布达拉宫、罗布林卡的壁画之上我们可以看到这样一个关于诞生在雅砻部落关于藏族起源的神话，并在藏族民间广为传播。相传普陀山上的观世音菩萨，授予一只神变的猕猴戒律，命令它从南海到雪域高原修行。这只猕猴来到雅砻河谷的洞中潜修。正在猴子认真修行的时候，山中来了一个女魔向猕猴施尽了淫欲之计，并且提出要与猕猴成亲的想法。起初，猕猴反对，认为他乃观世音菩萨的徒弟，受命来此修行，如果与她成亲，岂不破了自己的戒行！那女魔用尽浑身解数，恳求猕猴，还说如果他们不能成亲，那她只好自尽了。女魔说自己乃是前生注定，降为妖魔，因和猕猴有缘，今日专门找他成亲。如果他们不能成亲，那么日后女魔必定成为妖魔的妻子，并会生下无数魔子魔孙。到那时雪域高原将是魔鬼的世界，必将生灵涂炭，所以希望猕猴答应她的要求。那猕猴因为是菩萨降世，听了这番话，心中疑惑，如果他若与女魔结成夫妻，就得破戒；若不与她结合，又会造成那么大的罪恶。想到这里，猕猴一个跟头，便到普陀山找观世音菩萨，请示自己该怎么办。观世音菩萨想了想，开口说道："这是上天的意思，是个吉祥之兆。你能与她结合，在雪域高原繁衍人类，是莫大的善事。作为一个菩萨，理当见善而勇为，速去与魔女结成夫妻。"这样，猕猴便与魔女结成伴侣，后来，这对夫妻生下六只小猴，这六只小猴性情与爱好各不相同。那菩萨化身的猕猴，将这六只小猴送到果树林中，让他们各自寻食生活。

三年以后，那猕猴前去探视子女，发觉他们已繁衍到五百只了。这个时候，树林的果子也愈来愈少，食物即将枯竭。众小猴见老猴来了，便纷纷嚷道："我们将来吃什么呢！"他们个个摊着双手，模样十分凄惨。猕猴见此情景，自言自语道：我生下这么多后裔是遵照观世音菩萨的旨意，今日之事，使我伤透了脑筋，我不如再去请示观世音去，想到这里，他便来到普陀山请示圣者。菩萨道："你的后代，我可以帮你抚养他们。"于是，猕猴便奉命于须弥山中，取了天生五谷种子。撒向大地，大地不经耕作便长满各种谷物，老猴这才放心别

藏族

了众小猴回洞里去。众猴子因得到充足的食物，尾巴慢慢地变短了，也开始学着说话，逐渐变成了人，这就是雪域高原上的先民。

这是一个民族起源的神话，在藏族的民间广为传播，并且认为泽当附近的贡布山上的洞穴就是那猕猴住过的洞穴，而泽当也因此而得名。

（二）藏族的发展

藏民族作为中国多民族国家的古老成员之一，主要分布在西藏、青海、甘肃、四川、云南等省、自治区，有着悠久的历史和文化。那么藏族又是怎样形成的呢？

据考古学家认证藏区已发现和发掘出新旧石器时期和铜石井用石器等各个不同历史阶段的文化遗址多处。在聂拉木、定日、申扎、林芝、墨脱等地区也发现和发掘了不少古文化遗址。据说人类在西藏地区繁衍生息的历史已有七千年至两万年。青海、甘肃等地区发现的都属于新石器时代晚期的新石器及彩陶文化遗存物。

据汉文史料记载，古代生息、活动于今州境地区东南部河谷一带，称之为"嘉良夷（嘉梁）""白狗羌""哥邻人""戈基人"等羌、氐、夷部落，为雪域高原的土著先民。

那么藏族又是怎样生存与发展的呢？相传公元前237年的一天，在山南地区位于雅砻河流域，史称雅砻（是藏民族文化发祥地，也是吐蕃王朝和帕竹王朝的发迹地）。雅砻河谷的牧人在赞唐廓西发现了一个英姿勃发的聪慧青年，他

的言行举止与本地土著人不同，放牧的人们回聚居地请示如何处置这位男青年。长者派出十二个颇为聪明的苯教教徒上山，盘问男青年从哪里来。男青年用手指了指天，长者及教徒们以为这青年是从天上来的，是"天神之子"，格外高兴。十二人中为首的便伸长脖子，给这位"天神之子"当马骑，前呼后拥地把他抬回部落，并把他神化，说他是色界第十三代光明天子下凡，一致拥立他为部落首领。人们尊称

他为"聂赤赞普"。藏语
中，"聂"是脖子的意思，
"赤"是宝座，"赞普"是
英武之王。因为他是被牧
人驮于颈上请回来的，故
称"用脖子当宝座的英
杰"。聂赤赞普是吐蕃部落
的第一个首领，聂赤赞普
统一了雅砻部落，建立了

"博"部落，并确立子孙世袭赞普的制度。并修建了第一座宫殿——雍布拉康，
雍布拉康坐落在距今拉萨 140 公里的乃东县泽当镇东南不远的雅砻河谷的山岗
上。这座无任何豪华可言的建筑名为"雍布拉康"，"雍"是尊母，"布"是孩
子，"拉康"为庙宇，故可称谓"子母宫"。雍布拉康规模较小，它耸峙山头，
面西而立，前面为一幢三层楼房，后面是一座碉堡形状的高层建筑。聂赤赞普
成为西藏历史上第一个藏王。

由于在吐蕃第九代赞普布德贡甲时期，即大约东汉顺帝时期（126），吐蕃
地区的原始宗教——本波教由吐蕃传入了州境，又由于佛教于 8 世纪吐蕃王朝
赤松德赞时期在州内发展起来，并加上唐时吐蕃移民及驻军与当地土著部落经
过多年的融合、同化，从而形成今日统一的藏族。进入 9 世纪后半期，吐蕃王
室分裂，藏族地区出现长期分裂割据局面。

到了元朝，政府把藏族地区的分裂局面统一在中央王朝的统治之下，在中
央设宣政院，管理藏族地区事务。这是中央在西藏设官建制的开始。

明朝承袭元朝管理制度。清统一中国后，在中央设置理藩院，并任命驻藏
大臣，会同地方办理西藏事务。

7 世纪初，赞普松赞干布统一整个西藏地区，定都逻些（今拉萨），在汉文
史籍中称为"吐蕃"。吐蕃建政后，在政治、经济、文化等方面有了很大的
发展。

710 年，犀德祖赞普又与唐朝的金城公主联姻，由于与东部中原地带的政
治、经济、文化等方面的交往，使西藏社会各方面有了很大发展。

藏
族

二、多姿多彩的藏族人文

在 2000 年人口普查统计中藏族人口在少数民族人口排序中居第九位，约有人口 5416021 人，主要分布在西藏自治区以及四川、云南、青海、甘肃等临近省市。主要从事畜牧业，兼营农业。"藏"是汉语称谓，本民族自称"番"，（藏语音为"博巴"）。在藏语中对居住不同地区的人有着不同的称谓：居住在西藏阿里地区的人称为"堆巴"，后藏地区的人称为"藏巴"，前藏地区的人称为"卫巴"，居住在西藏东境和四川西部的人称为"康巴"，居住在西藏北部及川西北、甘南、青海的人称为"安多哇"。"巴"和"哇"是汉语"人"的意思。

（一）藏族的语言文字

作为雅鲁藏布江的儿女，藏民族拥有雅鲁藏布的灵气，拥有自己的语言和文字。藏族创立了属于汉藏语系藏缅语族藏语支的藏语，大致可以分为卫藏、安多、康巴三种方言。图弥三菩扎参照梵文于 7 世纪上半叶创制了藏文?。藏文属拼音文字，由三十个表示辅音的字母和四个表示元音的符号构成?，书面语与现代汉语不同，是自左向右横着书写。

（二）藏族的分类

按照藏语的分类，与其对应的藏族也可分为三个主要支系分别是卫藏藏族、康巴藏族、安多藏族。除这三大区外还有几个特殊支系，分别是嘉绒藏族、工布藏族、华锐藏族、白马藏族。

卫藏藏族

"卫藏"指拉萨、日喀则一带，即传统地域里前后藏的统称。该地域还包括阿里、山南以及部分林芝及那曲地区。

这一地域内的藏族在方言方面比较一致，而且在历史上，政治、经济、军事以及文化等方面也较统一，是西藏地区传统的核心地域，旧称为西藏的本部。居住于该地域内的藏族统称为卫藏藏族。

康巴藏族：康巴藏族即康区的藏族。康区最早是指卫藏以东广阔的地区，后来这一地域又分为"康"和"安多"两部分。康区多指青藏高原东南部的横断山区，旧称"朵思甘"地区。习惯上将西藏丹达山以东的地区，东与四川西昌，雅安地区和阿坝藏族自治州相连，北与青海省玉树、果洛两州相连的地域称为康区。具体包括：西藏昌都地区、云南迪庆州、四川甘孜州、青海五树州以及那曲东南一线。

康巴地区历史上处在汉藏过渡地带，在行政、宗教、经济和文化等方面都有明显的地域特征。康巴人最为人称道的是其直爽的性格，宗教方面尤为虔诚，有经商和远游的传统，体格相对强壮。装束上最明显的是，康巴男子多扎"英雄结"以示勇武。这种传统保持至今，拉萨街头随处可见。

安多藏族

安多藏族的传统地域是指阿尼玛卿山西北、甘肃河西走廊一带的小积石山以西的广阔地域。安多藏族的中心在阿尼玛卿山至青海湖一带。安多藏族的着装特别华丽，冬季用的藏袍面料以丝绢为主，不像卫藏等地以相对素朴的氆氇等为面料。帽子也多饰裘皮，衣帽布料上多以绿、金、黄、红等色为主的图案装饰。由于安多地区受蒙古和汉族影响较多，所以在习俗和外貌特征方面比较有特点。

嘉绒藏族

嘉绒地区藏语全称"嘉尔木擦瓦绒"，是一个综合山名、水名与自然环境的名称。在小金和丹巴之间有一座闻名全藏的木尔多神山，"嘉尔木"即此山之山神；"擦瓦"是居住在擦曲河流域的人；"绒"为农业河谷区。

嘉绒是藏语对四川大小金川及黑水藏族地区的地名称呼，区域包括今天阿坝藏族自治州和甘孜州境内岷江中上游，大渡河上游的大、小金川地区。唐代吐蕃东进，驻军于大渡河、岷江一带，据险而守，军队与当地嘉良、东女、附国等各土著部落相互融合，形成了今天独特的嘉绒藏族。历史上嘉绒一带地处藏、羌、汉等多民族交融地区，加上该地区早期民族分布和融合情况更加复杂，所以嘉绒藏族带有较多糅杂特征。嘉绒话与藏语同属藏缅语系，通行藏文。

工布藏族

在康区与卫藏交接的林芝一带，居住着珞巴人和门巴人等。这一带古称工布地区，以工布江达、林芝为中心，这一带的藏族习惯上被称为工布藏族。另外，康区木雅一带（甘孜州折多山和雅砻江之间）的藏族因其独特的语言和习俗，也称"木雅藏族"。在阿坝东北部的藏族，还分有"白马藏族"等支系。康区地势多南北纵贯河谷，很早以来便是民族走廊，这一带的藏族多为历史中各民族大交融而成，学术界多称此为"藏羌通道""藏彝通道"等。往南延伸可达缅甸一带，在语源方面统属藏缅语系，故支系众多，但没有什么明确的族别界定，皆统称为康巴藏族。

华锐藏族

"华锐"，意为英雄的地区或部落，是白牦牛的故乡。历史上华锐是指湟水以北，河西以东，包括青海的乐都北山、互助、门源、大通东部、甘肃的天祝、肃南皇城等藏区，其中天祝是华锐藏族的主要聚居区，人口约八万。形成华锐藏族的主体是吐蕃人，即吐蕃王朝时期吐蕃的一支军队进驻定居后逐渐形成了该地区藏族的主体。华锐方言还是属于安多方言区，但华锐方言保存了大量古藏语的词汇，有些用词发音也不同于其他地区的安多语发音法。

华锐藏族自称"博"或"华锐嘎布"，男子多穿白色毡袍，反映了华锐藏族特别崇尚白色，并认同与其他地区藏族同出一源的深刻民族观念。

白马藏族

白马藏族主要生活在甘肃省陇南市文县铁楼乡白马河流域和四川省平武县、九寨沟县一带，人口约一万四千人。他们的风俗习惯、文化、宗教信仰都与其他地区藏族有所不同。白马藏族讲藏语，却不识藏文，普遍使用汉文。除了信仰苯教和藏传佛教外，白马藏族还信仰太阳神、山神、火神、五谷神等自然神灵，但他们一般不修庙宇，只在家供奉祖先的牌位。因此，众多的民族学和史学家认为，白马藏族是古代氐族的后裔，唐代吐蕃东征，占领了整个氐族地区，大批吐蕃军民随军而来与氐族杂居，使一部分氐族逐渐丧失了固有的文化特征，形成了藏化的氐人，也就是今天白马藏族的祖先。

白马藏族的文化有双重性和多样性的特点，语言方面有藏语同源词，也有羌语词汇。

（三）藏族名人

松赞干布（？—649）藏族吐蕃王国的创建者。穷哇达则（今西藏山南地区琼结）人。629 年，松赞干布继位为赞普，在位二十多年，迁都逻些（今西藏拉萨），削平内乱，统一青藏高原，在大臣禄东赞协助下正式建立奴隶主统治的吐蕃王国。他发展农牧业生产，推广灌溉，命人制定文字，颁行"大法令"以处理赞普王室与世家贵族、诸小邦及社会各阶层的关系，创设行政制度和军事制度，设置官职品阶，颁布律令，统一度量衡和课税制度，从中原及尼婆罗（今尼泊尔）、天竺等地引进文化、技术，使吐蕃社会有了迅速发展。他先娶尼婆罗王女尺尊公主。641 年，松赞干布至柏海（今青海扎陵湖鄂陵湖）迎娶唐宗室女文成公主，结成和亲关系。唐封他为驸马都尉、西海郡王。这些促进了汉藏文化的交流。

八思巴（1235—1280）中国元代第一代帝师（即元代皇帝从吐蕃请来喇嘛充当的一种最高神职），著名学者。本名为罗古罗思坚藏，尊称八思巴（意为圣者）。吐蕃萨斯迦（今西藏萨迦）人。1235 年（一说 1239）生于款氏贵族之家。1251 年继为萨斯迦教派法主。1253 年，谒忽必烈于六盘山驻地，备受崇敬。1258 年，忽必烈集僧道辩论《老子化胡经》的真伪。八思巴参与了辩论，使道士词穷。中统元年（1260），封国师，赐玉印，统领天下释教。至元元年（1264）领总制院（后改宣政院），统辖释教僧及吐蕃僧俗务务。回乌思藏，置

藏

族

宣慰司等官衙后，返中都（燕京）。1269 年，完成了以藏文字为基础的蒙古新字（后人称为八思巴字）的创制。次年升号帝师，大宝法王。1274 年，八思巴返回萨斯迦，统治吐蕃。著作有《彰所知论》等。

宗喀巴（1357—1419）藏传佛教格鲁派创始人。本名罗桑札巴，生于中国青海西宁附近塔尔寺地方。7 岁从噶当派名僧顿珠仁钦出家学显密十年，16 岁赴藏深造，得噶当、萨迦诸师指导，学习显密宗经典，研习五论、五明。明洪武十八年（1385）受比丘戒，开始讲经收徒著述，并系统深入学习噶当派教法，吸取其精神，结合自己见解形成体系。从提倡遵守戒律入手，阐扬显密关系，规定学佛次第，进行宗教改革，并著《菩提道次第论》《密宗道次第论》等。永乐七年（1409），在帕竹地方政权资助下，在拉萨大昭寺举办大祈愿法会，又称传大召、传召法会，宗喀巴为主持人，被奉为西藏佛教领袖，西藏第一大教派格鲁派教主。会后在拉萨东建甘丹寺，后宗喀巴师徒一直住此寺。格鲁派是从甘丹寺派音变而来。

（四）藏族的民族经济

藏族以牧业为主，兼营农业。藏系绵羊、山羊、牦牛、犏牛是青藏高原特产。高原畜牧业是藏族传统生产中的主要部门，在生产中所占比重大于农业。高原畜牧业生产有多种，牧区主要是按季节轮流转场放牧的半定居游牧类型，半农半牧区和农区则为定居游牧及定居定牧类型。畜种类型主要有藏绵羊、藏山羊、黄牛、犏牛、牦牛、马、骡、驴等。驯养牦牛、培育犏牛、种植青稞，是藏族人民在人类文明史上的特殊贡献。

农业以种植生长期短、耐寒抗旱的青稞为主，也种植小麦等农作物。手工业主要聚集于大城镇和大寺院周围，从事纺织、木、铁、陶、石等手工业的匠人使用的工具及操作技术落后。藏族家庭手工业占有重要地位，举凡盖房、制木器、纺线、织氆氇、硝皮、打酥油等，均由家庭成员或邻里换工完成。有狩猎及挖药材等副业。商业不发达，大多以物易物，小额贸易一般通用银元，区域性的大宗土特产贸易则为极少数的大领主所垄断。

中国民族（一）

（五）藏族的医药卫生

　　成书于 8 世纪的医学巨著《四部医典》是古代藏族人民智慧的结晶。藏医药学将病理概括为"龙""赤巴"与"培根"。诊断包括望、问、切，将疾病分为寒症和热症。治疗方法有催吐、攻泻、利水、清热等，除了内服药外，还有针灸、拔罐、放血、灌肠、导尿、冷热敷、药物酥油烫、药物浴等。藏药约一千余种，常用的有三百多种，多采用成药。藏药现今已经被大多数人认可，并得到广泛应用。

（六）独特的居民建筑

　　藏族最具代表性的民居建筑是碉房。碉房多为石木结构，外形端庄稳固，风格古朴粗犷；外墙向上收缩，依山而建，内坡仍为垂直。碉房一般分两层，以柱计算房间数。底层为牧畜圈和贮藏室，层高较低；二层为居住层，大间作堂屋、卧室、厨房，小间为储藏室或楼梯间。若有第三层，则多作经堂和晒台之用。因外观很像碉堡，故称为碉房。

　　碉房具有坚实稳固、结构严密、楼角整齐的特点，既利于防风避寒，又便于御敌防盗。

　　西藏民居在注意防寒、防风、防震的同时，也用开辟风门，设置天井、天窗等方法，较好地解决了气候、地理等自然环境不利因素对生产、生活的影响，达到通风、采暖的效果。

　　帐房与碉房迥然不同，它是牧区藏民为适应逐水草而居的流动性生活方式而采用的一种特殊性建筑形式。普通的帐房一般较为矮小，平面呈正方形或长方形，用木棍支撑高约两米的框架；上覆黑色牦牛毡毯，中留一宽 15 厘米左右、长 1.5 米的缝隙，作通风采光之用；四周用牦牛绳牵引，固定在地上；帐房内部周围用草泥块、土坯或卵石垒成高约 50 厘米的矮墙，上面堆放青稞、酥油袋和干牛粪（作燃料用），帐房内陈设简单，正中稍外设火灶，灶后供佛，四周地上铺以羊皮，供坐卧休憩之用。帐房具有结构简单、支架容易、拆装灵活、易于搬迁等特点。

　　民居室内外的陈设显示着神佛的崇高地位。不论是农牧民住宅，还是贵族上层府邸，都有供佛的设施。最简单的也设置供案，敬奉菩萨。

藏
族

三、肃然膜拜的名胜古迹

独特的雪域高原孕育了绚丽多彩的藏文化。在这篇圣土上让人们瞠目结舌的应该是那些古老的让人肃然膜拜的名胜古迹。肃然膜拜是因为在这些名胜古迹中大多是佛教圣地。由此我们也会感受到藏族是一个敬奉佛教的民族。藏族信仰佛教的历史追溯起来至今已有一千三百多年的历史。7 世纪佛教从印度传入西藏，13 至 16 世纪中叶，佛教日益盛行，佛事活动频繁，佛教寺庙遍及西藏各地。著名的寺庙有布达拉宫、塔尔寺、甘丹寺、哲蚌寺、色拉寺和扎什伦布寺。当然还有古格王朝遗址和罗布林卡。

在众多的神圣建筑中布达拉宫可谓是首屈一指。布达拉宫又称布达拉，或译成"普陀"，梵语译为"佛教圣地"。相传始建于 7 世纪吐蕃王朝藏王松赞干布。经过后世不断增筑，它已成为世界上海拔最高的宫堡建筑群。整个建筑宏伟壮观，分为红宫、白宫，共有四千多座佛堂、寝堂、经堂和灵塔殿，佛像有二十多万尊。布达拉宫是历代达赖喇嘛的冬宫，也是西藏地方的政治中心。这座宏伟的建筑主楼有 13 层，高 110 米，东西长 360 米，全部是木石结构，举世罕见。殿内有独具藏族风格的壁画，绚丽多彩、工笔细腻。还保存了大量的珍贵文物，如明清两代皇帝封赐西藏官员的诏敕、封诰、印鉴、礼品等等，还有经文典籍、佛像、法器、供器、唐卡（卷轴佛像）。神圣的布达拉宫已成为不可多得的、著名的游览胜地。

塔尔寺

在青海湟中县，是藏传佛教格鲁派六大寺院之一。是宗喀巴的诞生地，因此于明代嘉靖三十九年（1560）为纪念黄教始祖宗喀巴而建。塔尔寺的殿堂融合了汉式宫殿和藏式平顶建筑的传统艺术，在殿内我们还可以领略到被人们称之"三绝"的酥油花、壁画和堆绣。塔尔寺由众多的殿堂、经堂、僧舍组成规模宏大的建筑群。这座宏大的建筑群是先建塔，后扩建成寺院的。寺内又有大金瓦殿和小金瓦殿。

甘丹寺（噶丹寺）

建于明永乐七年（1409），建在西藏达孜县境内拉萨河岸旺古尔山上，是由黄教创始人宗喀巴兴建的。甘丹寺建在山顶及山坳处，规模之大可与三个布达拉宫相比。寺内主要建筑是拉基大殿和赤多康等，殿内有弥勒像和宗喀巴的铜像，高大精美。寺内的司东陀殿里有宗喀巴肉体的灵塔。赤多康是宗喀巴当年生活居住的地方。后宗喀巴的法座继承人、历世格鲁派教主甘丹赤巴也居住于此寺。

哲蚌寺

在拉萨市西北10公里，建于1416年。为宗喀巴的弟子绎央曲杰所建。全寺殿宇连接，规模宏大，是拉萨三大寺院中最大的一座。寺内包括经学院果芒、罗色林、德央、阿巴四个扎仓和错钦大殿。寺内收藏的历史文物、佛教经典及工艺美术品非常丰富，最为珍贵的是三部甘珠尔经。

色拉寺

在拉萨市北郊，明永乐十六年（1418）由藏传佛教格鲁派创始人宗喀巴的门徒绛钦却杰兴建。主要建筑有三个经学院结巴、满巴、阿巴扎仓。寺内存有绛钦却杰从北京带回的金写藏文《大藏经》一部，以及旃檀木雕的十六尊者像一套，还有铜铸的菩萨像，这些可谓是极为珍贵的文物。甘丹寺与色拉寺、哲蚌寺合称"三大寺"。

扎什伦布寺

扎什伦市寺在西藏日喀则市的尼色日山下。"扎什伦布"藏语的意思是"吉祥须弥"。寺院最初建于明正统十二年（1447），后来经过不断扩建，成为今天这样规模宏大、筑有城垣的西藏黄教四大寺之一。也是历代班禅举行宗教和政治活动的中心。寺中保存了历代班禅的佛塔，还有各种贵重宝器，如明清两朝皇帝颁发班禅的金玉印章、封诰敕书及镌有八思巴文的元代"大司徒印"印章。这座豪华雄伟的寺院是我国重点文物保护单位。

古格王朝遗址

位于西藏扎达县象泉河畔的土山上。古格王国创建于10世纪前半期，当时吐蕃王朝已经衰亡，赞普朗达玛的后裔尼玛衮来到扎达县和布让、托林一带建立古格王国。先后世袭十六个王。遗址占地约十八万平方米。房屋建筑、佛塔、洞窟遍布全山，达六百多座，地下有地道相通，外围有石基城墙，城角有碉堡，周围还有铁甲、盾牌、箭杆等遗物。城中保存较好的庙有五座，庙中的泥塑佛像和优美的壁画仍在。遗址对于研究西藏历史和 10 世纪以来藏族古建筑史都提供了重要的实物资料。

罗布林卡

"罗布"藏语音译，"宝贝"之意。"罗布林卡"意即"宝贝园"或"珍宝国"。曾译为"罗布岭岗""隆市岭卡""御东园"。位于西藏拉萨市西郊。始建于 18 世纪 40 年代，因七世达赖格桑嘉措常来此沐浴。修建了"乌尧颇章"(藏语意为宫殿)，他又修了第一座以他名字命名的"格桑颇章"宫殿。现全园占地面积三十六万平方米，共有房屋三百七十四间，主体建筑除"格桑颇章"以外，还有"金色颇章""达登明久颇章"两座宫殿。

丘桑温泉

传说黄教宗喀巴大师到西藏各地去朝拜，当他来到林芝时，不小心脚被竹子刺伤，感到疼痛难忍，他只好拄着拐棍一瘸一拐地继续去朝拜，当他来到堆龙丘桑时，看到山上有一个温泉，即现在的丘桑温泉，他看见一只双脚受伤的乌鸦飞到温泉边，把双脚泡了泡，不一会儿，乌鸦的脚竟奇迹般地好了起来。于是他也把双脚泡在温泉里，他的脚果真也好了。他把那根用竹子做的拐棍扔在山里回到了拉萨。

直到现在，温泉东北方向的山上还能看到一支"竹子"。温泉的南边有一眼泉水，称"亚曲"，人们通常到这里洗头，还要喝上几口，能治鼻炎，在温泉的中间有一个叫"面吉"的岩石，传说藏王松赞干布的太医玉托·云旦贡布在此采过药材。这"面吉"是天然形成的，据说是玉托·云旦贡布的药箱，温泉内还有自然形成的 21 个百度母像。尤其神奇的是，这个温泉有独特的疗效作用，主要治关节炎、胃病、骨折等疾病，另外还可起到调节血压和减肥的功效。因此，人们通常在春秋季节去温泉

中国民族（一）

洗浴治病。

谷布神山

谷布神山是康区十八座神山之首，位于昌都县日通乡与如意乡交界处，距县城40公里。

该山是昌都附近最高的山峰之一，海拔5400米左右，登上峰顶，周围的群山尽收眼底，着实有"会当凌绝顶，一览众山小"之意境。

传说在很久以前，有一只巨型鹏鸟从远方飞来，栖息在此时，在山顶啄穿一个大洞，故称之为琼普，意为大鹏穿透的溶洞。

谷布山势雄伟，异峰突起，山顶是裸露的石灰岩。由于海拔高，所以处处可见高原岩溶经历几千万年日晒雨淋所形成的石芽、石柱、溶洞。

位于谷布半山腰有一个乃宁洞，是该山规模最大、知名度最高的一个洞，传说莲花生大师在此修行过。洞口处建有不少佛塔和塑像，洞口虽小，沿内则是巨形的溶洞，至少可容纳二三千人，堪称全区第一大洞。

在该山东面半山腰的岩石山有称之为昌都三大活佛的圣湖，在海拔这么高、水源不足的岩山能看到湖泊，可以说是谷布神山的一处奇观。

仁钦林寺

在拉萨市墨竹工卡县境内，海拔3750米。仁钦林寺由止贡噶举高僧强斯根郭仁钦于1416年（藏历第七绕迥之火猴年）修建。关于该寺的创建历史有这样一段传说：止贡噶举巴克珠·德哇迅鲁弟子强斯根郭仁钦得到施主冲朗卡白桑布的资助后，按照茹托索朗坚赞活佛遗嘱，来到墨竹舍尔多修建庙宇。可是该地有两个叫舍尔多的地方。因此强斯根郭仁钦只好供神施食子指点，之后突然降下一只乌鸦叼走了施食子，飞到河南岸树枝上，于是他认为这是神显灵指点，就决定在河南岸树枝旁修建寺庙，取名"仁钦林"。开始规模不大，只有一间佛殿和几间僧舍；后逐渐发展壮大，形成了8600平方米的面积，有176名僧人的寺庙，称为"大宝寺"。

仁钦林寺坐西朝东，面临墨竹河，背倚山峦，景色宜人。建筑系用石块砌成，由经殿、依怙殿、僧院、僧舍等组成的三层藏式平顶楼。

寺内大经堂面阔5间，进深5间，有柱16根，其中有4根长柱直通二层之上。殿内主供释迦牟尼佛泥塑像，其左右供有檀香木十一面观音和三世佛、第五世达赖（阿旺·罗桑嘉措）等泥塑佛像多尊；在经架上摆满了用金、银、珍宝合计写成的 101 卷《甘珠尔》和《丹珠尔》大藏经各一套，以及《十万颂》（佛第二次转无相法轮时所说经典之一）等其他经书多部。殿内四壁遍绘格鲁派题材的壁画；堂内悬挂有许多宗教题材和历史题材的唐卡。夏叶康有 4 根柱，殿内主供释迦牟尼镀金铜像，其左边供有弥勒佛和强斯根郭仁钦泥塑像，右边供有燃灯佛和朗卡白桑泥塑像，旁边供有高一层的强斯根郭仁钦和圣者绕久帕的镏金铜镀灵塔；四壁泥塑护法神等其他镏金铜和经书多部。衮康有两根柱，内供有高一层的胜乐五佛铃之一的本尊佛泥塑像，供有由班钦索朗扎巴塑造的高一层的四臂依怙护法神泥塑像，还供有天女游扎日、墨竹守护神斯益查坚玛泥塑像；殿内四壁绘有羊、虎、马、狮等人头兽身壁画。

第二层楼上的热不赛即明辉佛殿，有 4 根柱，内从至尊绿度母镏金铜像和密集金刚 8 岁身量的镀金铜像，嵌饰各种珍宝；供有第五世达赖和法尊罗布嘉措银铸像、本尊 13 佛和四臂观音镀金佛像。佛龛里供有噶当小塔一百多座，系响铜铸造；经橱内有各种经书。强巴拉康，有 2 根柱，内有各种珍宝嵌饰的弥勒佛镀金铜像、泥塑药师八如来和多尊镀金、响铜和银铸造的佛像。

第三层楼上有仁钦林寺历代活佛的卧室，长号、唢呐，神鼓、长柄鼓、铜银质地的经水盏等各种法器和法衣。

止贡提寺

亦称"直工寺""直孔寺""直贡帖寺"。在拉萨市之墨竹工卡县境内，位于县驻地以北仁多岗乡、血弄藏布北岸山坡上。仁多岗距县驻地 61 公里，县城距自治区首府拉萨 73 公里。

止贡提寺是帕木竹巴弟子木雅贡仁建于 1179 年，止贡巴·仁钦贝护建成为大寺，名"止贡提"，即止贡噶举派的中心主寺。1179 年在墨竹工卡的止贡地方，在原有小寺的基础上扩建成为一座大寺，这就是著名的止贡提寺。止贡巴的名字由此寺名而来，他所传的教派也就被称为"止贡噶举"（藏传佛教噶举派帕竹噶举支派之八小支派之一）。

止贡提寺主要由经堂、佛殿、藏经楼、坛城、护法神殿和修禅密室组成。其中灵塔殿最为壮观，高3层，主供杰觉巴灵塔，塔内装藏有噶举派历代祖师舍利子、印度8大持明和80位居士的衣物、金铜聚莲塔数十座、佛经和许多珍贵药材等。在扎西果芒殿内主供杰喇嘛塑像，其右侧供有二层楼高的大威德金刚泥塑像和金银质菩提大佛塔；南面为止贡历代法台的红色法座，极为神圣。贡康（护法神殿）内供有杰觉巴、释迦能仁、龙树大师等塑像，供有杰觉巴脚印、止贡护法神阿杰确吉卓玛金铜塑像及铜质佛像数百尊。

修禅密室散落在主殿四周，只有一个小木门和一个小窗户，面积6~7平方米。据说目前有二十多名喇嘛正在修禅，有的喇嘛快修满三年三个月零三天。修满者可得到"仓巴"（修禅者）的称号，时间长者为三年三个月零三天，短者也要三个月。拙火定（即修丹田生热的脐轮火法）是噶举派的一种密法，也是该寺一大特色。到目前为止，该寺修成拙火定的只有2人：巴穷仁布切（已于1990年94岁时圆寂）和丹增尼玛。修成拙火定的人能在冬天将刚从水中捞出的袈裟披在身上烤干；如果下了雪，他在屋内发功后屋顶上的雪即刻可以融化。

止贡提寺每年藏历3月28~29日要跳金刚神舞。从藏历2月开云贵，全寺僧人便集中诵经，持续一个月。念经期间，用彩粉绘制坛城，用糌粑做一个人形怪物"棱嘎"，被当做教敌或邪恶的化身。3月28~29日正式表演神舞。众神要把"棱嘎"砍成啐块用火烧掉，象征教敌与邪魔已被斩尽，教法如旭日东升庇护众生。

蔡巴寺

在拉萨市区境内的蔡公堂乡，距拉萨10公里。当地群众称之为"扬庚寺"。是向·尊珠扎巴1175年建造的。

向·尊珠扎巴（1122—1193），原名"达玛扎"，26岁出家后改称"尊珠扎"，后来人们称他"蔡巴喇嘛向"。他是西藏佛教史上的著名人物，是蔡巴噶举的创始人，"蔡巴噶举"即由蔡巴寺而得名。

向·尊珠扎巴和帕竹·多吉杰波（帕竹噶举创始人）、宗喀巴（格鲁派创始人）合称为"西藏三宝"。

藏

族

蔡巴寺后期不幸被毁，现在看到的蔡巴寺是 20 世纪 50 年代初重新修建的。其规模比原寺小得多，原措钦大殿内有长柱 4 根、短柱 36 根，现存措钦大殿内只有长柱 4 根、短柱 8 根。后面和两侧的佛殿原供有释迦牟尼的泥塑像两尊、合金铜铸造的向·尊珠扎巴像一尊，还有释迦牟尼、药师、先知王、宣法海、边善胜祥、纯金无垢、妙相普和妙音王宣吉祥镀金铜像、35 尊忏悔佛（是释迦佛与三十五佛共坐禅于一起，对凡有"五无间"的罪人进行忏悔、训化的场面。三十五佛依次为：释迦牟尼佛、金刚不坏佛、宝光佛、龙尊王佛、精进军佛、精进喜佛、宝火佛、宝光佛、现无愚佛、宝月佛、无垢佛、离垢佛、勇施佛、清净佛、清净施佛、婆留那佛、水天佛、坚德佛、旃檀功德佛、无量掬光佛、光德佛、无忧德佛、那罗延佛、功德毕佛、莲花光游戏神通佛、财功德佛、德念佛、善名称功德佛、红炎幢王佛、善游步功德佛、斗战胜佛、善游步佛、周匝庄严功德佛、宝华游步佛和宝莲华善住娑罗树王佛）神像等。殿内原存放有用金、银、墨等写成的《甘珠尔》以及很多唐卡，今已不存。

楚布寺

位于堆龙德庆县境内，距拉萨约七十公里。楚布寺是噶玛噶举派的主寺。活佛的转世习俗就是从楚布寺开始的，后来被西藏的其他教派推而广之。海拔4300 米，位于拉萨市堆龙德庆县西北的楚布河上游。楚布寺规模庞大的建筑群以大殿为中心进行分布，其中包括经堂、佛堂、护法殿、佛学院、密宗修习院、活佛私邸及僧舍等。

楚布寺拥有大量稀世文物，值得一提的有：江浦寺建寺碑，现位于楚布寺大殿内，高约两米半，宽约半米，上刻古藏文，该碑对研究吐蕃时期政治、经济、宗教等有重要的史料价值；空住佛，是楚布寺镇寺之宝，是第八世噶玛巴为纪念其上师而塑造的银像，传说银像塑成之后竟自动悬浮空中达七天之久，故有空住佛之说；楚布拉千，"拉千"即大佛之意，高约 6 米，传说为二世噶玛巴所铸。此外，玛恰噶拉石刻塑像、米拉日巴曾用过的钵、都松钦巴的僧帽等都是楚布寺弥足珍贵的宝物。

环抱着楚布寺的土吉钦波神山上有着一系列著名景点，如天葬台、静修室和历代噶玛巴闭关洞、十七世噶玛巴转

山时于石头上留下的心咒字样等。

羊八井加日岗遗址

位于当雄县羊八井镇以北约 3 公里处吉隆多村西曲那曲河岸第二台地加日塘平坝上，距河面高约 100 米，铁路路基标记穿过遗址的南北中线，海拔 4234 米。此地是藏北草原最南面

的牧区，海拔比那曲地区低 200 米，周围水草丰富、视野开阔、易于避风、地理环境比那曲还要优越，是人类比较理想的生存场所。

通过发掘，发现该遗址地面上暴露有较多的细石器。其原因可能是水土流失、风化等原因，和当地气候也有关。第二层地面上发现有火烧的木炭，证明远古人类曾在这里生活过。该遗址没有发现房屋遗迹，推测是游牧民族临时定点生活区，不是永久性居住地。细石器占多数，其次有少量陶片，文化内涵比较单一，可能是畜牧业经济为主的一种反映。从以上发掘情况来看，该遗址的年代初步断代为距今 3000—4000 年。

加日岗遗址是在海拔 4000 米以上牧区首次发现的新石器时代的文化遗址，也是昌都卡若遗址以之后，西藏境内发现的第七处经过科学调查和发掘的新石器时代遗址。

该遗址的原始文化具有明显的高原牧区特点和时代特色，和西藏境内已知的新石器时代遗址相比较，有着较大差异的。加日岗出土的大量细石器中有引人注目的制作精美的各种石核和透明的水晶石叶和玛瑙石叶等。

出土陶片中腹部上饰有细绳纹，颈部饰有附加堆纹，颈部下端有乳凸眼堆纹，口沿顶部有斜线花边纹，陶器制作精美，工艺独特。这种器形和纹饰，是一种新的独特文化类型。此外，在遗址中还首次出土了众多不同种类的细石器如石核、石叶、石片。

雅砻河风景名胜区

位于西藏自治区山南地区正南的乃东、扎囊、加查、洛扎、贡嘎等六个县境内。山南地区是藏民族的发祥地之一。该区雪山冰川、河滩谷地、田园牧场、古老文化遗址和民风民俗等构成了神秘、古朴而壮丽的画面。区内植物种类丰富，植被随海拔变化呈垂直带分布。河谷地区带季雨林，被誉为西藏的西双版纳。

藏族

人文景观体现了藏民族最早在山南地区的文明。雍布拉康，藏语意为母子宫，位于乃东县东南，雅砻河东岸的山顶上。相传建于公元前1世纪涅赤赞普时代，是西藏第一座宫殿建筑。前后两部分均以石块砌成、巍峨挺拔、气势雄壮。殿堂内现供奉吐蕃松赞干布和文成公主、尼泊尔尺尊公主塑像，造型精美；还保存有很多历代文物和典籍。桑鸢寺，为西藏第一座寺庙，坐落扎囊县境内雅鲁藏布江北岸。古称"乌登勃来"。现存建筑基本上是七世达赖时期重建的。始建于唐大历年间。"桑鸢"藏语的意思为"不可思议"，是西藏第一座剃度僧人出家的寺院。寺几经火灾，重修后已不复旧观，但仍保持原有外观。正方向朝东，总平面圆形，四周有围墙，墙头上，每约1米有一红陶塔，墙内为敞回廊，正中为乌策大殿，象征世界中心的须弥山。大殿高三层，底层为藏式建筑风格，中层为汉式建筑风格，顶层为五塔相峙的印度建筑风格。这种特殊的建筑寺庙为全国罕见。

全国重点文物保护单位有昌珠寺和藏王墓。昌珠寺坐落乃东县南约2公里雅砻河东岸，与赞塘寺隔河相望。始建于7世纪40年代，为松赞干布主持建造的。现存建筑是十三世达赖修缮的。藏语鹘、鹏、鸟为昌，龙为珠、寺成取名昌珠。这名字又与民间传说"引龙出湖""断龙为三"有关。寺内文物，寺外柳林，不少与文成公主有关。?藏王墓，又称吐蕃历代赞普墓，坐落琼结县城对面的木惹山上。为7世纪至9世纪历代吐蕃赞普的墓葬群，现有墓19座，方圆达3公里，形制大致相同，均为方形平顶。相传松赞干布和文成公主及前后几代赞普均葬于此，但都未发掘。上述人文景观都有鲜明的民族地域特点。

玛旁雍措

位于冈仁波齐峰东南20公里处，纳木那尼雪峰北侧，海拔4588米，面积412平方公里，湖水最深可达70米，是世界上最高的淡水湖。天气晴朗时湖水蔚蓝，碧波轻荡，白云雪峰倒映其中，湖四周的远山隐约可见，景色奇美。　　　　许多宗教典籍和传说中都曾记载描述过玛旁雍措。印度传说中称这里是湿婆大神和他的妻子——喜马拉雅山的女儿乌玛女神沐浴的地方，而西藏的古代传说认为这里是广财龙神居住的地方。玛旁雍措又称玛法雍措，藏语意为"永恒不败的碧玉湖"，据说这是为纪念 11 世纪佛教战胜当地苯教所取的名字，源起于 11 世纪在湖畔进行的一场宗教大战，结果，藏传佛教噶举派大胜外道黑教，"玛旁"就是纪念佛教的胜利，此湖因而得名……唐朝高僧玄奘在其所著《大唐西域记》中对玛旁雍措也有所描写，将

这里称为"西天瑶池"。佛教经典中将一处湖泊称为"世界江河之母"，它所指的就是与神山并列齐名的"圣湖"——玛旁雍措。过去湖周围有九座寺庙，它们分别是位于东面的止贡噶举的修习地色瓦龙寺，位于东南面的萨迦派聂果寺，南面的格鲁派的吹果寺，西南面的止贡噶举大德果仓瓦的修习地果祖寺，西面的莲花生大师的修习地切马寺，西北面的高僧修习洞，北面的竹巴噶举派的朗那寺和东北面的格鲁派的笨日寺。

历来的朝圣者都以到过此湖转经洗浴为人生最大幸事。其实，玛旁雍措作为圣湖之王的地位，即使是对一般旅游观光的游客来说，也是无可置疑的。信徒们认为，这里的圣水能够洗掉人们心灵上的"五毒"（贪、嗔、痴、怠、嫉），清除人们肌肤上的污秽。印度人对玛旁雍湖的敬仰之情还由于印度著名的领袖圣雄甘地的骨灰也曾撒入了玛旁雍湖。所以每年夏季，印度、尼泊尔和西藏的香客纷纷到此朝圣沐浴以求功德，他们还将圣湖的水千里迢迢带回家去，当做珍贵的礼品，馈赠亲友。

圣湖有四大浴门

东面为莲花浴门，南面为香甜浴门，西面为去污浴门，北面为信仰浴门。楚古寺周围被尊为圣洁的浴场。圣湖四面还有四水之源：东面为马泉河，北面为狮泉河，西面为象泉河，南面为孔雀河。以天国中的马、狮、象、孔雀四种神物命名的这四条河，分别又是南亚著名的恒河、印度河、萨特累季河和雅鲁藏布江的源头。

藏文古籍《冈底斯山海志》中是这样记叙的：圣湖玛旁雍措中有一座广财龙王的龙宫，龙宫聚集了世间众多的财宝。来到这里朝圣的人，只要绕湖一圈或在湖边得到湖中的一条小鱼、一块小石头、一根飞鸟的羽毛便算是得到了龙王的赏赐。

藏

族

四、巧夺天工的民族工艺

制陶

藏族的制陶业至少有五千年的历史，种类包括粗砂陶、挂釉陶、紫砂陶、黑陶、彩陶等，成品主要用于宗教活动及生活用品。

金属加工

据文献记载，早在吐蕃传说中的第一位赞普时期，古代藏族社会就进入了铜器和铁器并用的时期。金属制品按用途可分为三大类：生活用品、装饰用品、宗教用品。宗教用品主要用来制作佛像，它一般都要经过金属冶炼、锻造、雕刻、镀金、磨光、上红等工序，工艺也十分考究。

造纸

藏族的造纸历史很悠久。根据纸的用途多选用不同年生的草本植物，制成种类繁多的藏纸，其中"达波纸""孟噶纸""金东纸"及"阿交加交纸"最为著名。"阿交加交纸"具有很强的毒性，可防虫蛀鼠咬，由于原料茎秆绵柔，"阿交加交纸"经久不烂，藏区寺庙中许多完好无损的经文，就是用这种纸印刷的。

氆氇

藏语音译。藏族人民手工业产品，用牛、羊毛混纺或专门用羊毛织出的毛料。盛产在山南、日喀则及拉萨等地。一般用于做衣服和坐垫等材料。品种很多，总的分为普通氆氇和细氆氇。

竹笔

藏族书法历来使用竹笔。竹笔是将用骨髓或酥油浸润的竹子烘烤、削制而成。竹笔一般长 13 厘米、宽 1 厘米，笔尖为鸭嘴状，正中有一蓄墨的细缝。西藏的竹笔，以产于察隅、林芝的"普兰笔"为最多。其贵重与否，不但取决于产地，而且主要取决于笔帽的装饰原料。

五、神秘的藏族风俗

俗话说得好，入乡随俗。既然谈及藏族，就要了解藏族独特的民族风俗。让我们从饮食、服饰、礼仪、节日、禁忌等方面来感受一下别具特色的藏族风情。

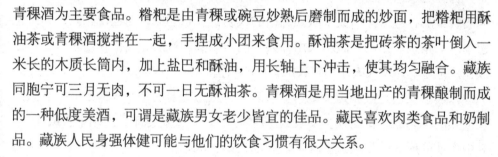

（一）藏族的饮食习惯

民以食为天，我们先来看看藏族的饮食习惯。藏族的农牧民以青稞等制作的糌粑和酥油、青稞酒为主要食品。糌粑是由青稞或碗豆炒熟后磨制而成的炒面，把糌粑用酥油茶或青稞酒搅拌在一起，手捏成小团来食用。酥油茶是把砖茶的茶叶倒入一米长的木质长筒内，加上盐巴和酥油，用长轴上下冲击，使其均匀融合。藏族同胞宁可三月无肉，不可一日无酥油茶。青稞酒是用当地出产的青稞酿制而成的一种低度美酒，可谓是藏族男女老少皆宜的佳品。藏民喜欢肉类食品和奶制品。藏族人民身强体健可能与他们的饮食习惯有很大关系。

（二）独具特色的民族服饰

我们通过传媒经常能够看到藏族绚彩华丽的的藏族服饰。但是不同的地域，又有着不同的服饰。共同的特点是长袖、宽腰、大襟。女装典雅潇洒，男装雄健豪放。女性一般上身内穿立领长袖绸缎长袍，外套圆领右衽、金色或银质纽扣的坎肩。坎肩领口，襟边镶有很宽的锦缎，腰间系宽彩带，并配彩条围腰或毛质搭裙。下穿黑色长裤，穿高筒藏鞋或黑布鞋。喜配戴耳环、护身符、玛瑙项链、银链、银镯等饰品。

男子头戴毡帽或皮帽，上身内穿立领长袖右衽短衣，外穿大领右衽长袍，腰系色彩鲜艳的绸子或毛线编织的饰有多个口袋或雕有佛像等图案的腰带，腰带上还往往挂一把腰刀，并挂上小匕首和银筷筒。下穿深色长裤，脚穿皮制或毡缝制的长筒靴，并将裤管紧扎靴中。许多男性也喜配戴耳环、项链、手镯等饰品。

藏族穿戴饰品众多，主要原因是藏族的祖先一直以游牧为生，并常随季节变化而迁徙，携带行李不便，因此就把自己的财产换成值钱的饰品或贵重的礼服穿戴在身上，这样既方便又能显示出自己的财产和身份。这一风俗一直沿袭下来，但今天不再是为了方便迁徙，更多的是成为了装饰。

在西藏，传统的民族毛织技艺有着悠久的历史，从拉萨出发沿拉泽公路在距离贡嘎县县城 17 公里的杰德秀镇，是西藏历史上的八大古镇之一，一直就有"邦典"之乡的美誉，已经有上千年毛织品生产的历史。相传文成公主所穿的氆氇服装便产于这个镇。

"邦典"藏语的含义是毛织围裙，是藏族妇女的藏装上的一种特殊标志，是一种五颜六色、细横线条的氆氇（藏袍原料），后来成为藏族妇女喜爱系在腰间的装饰品，也就渐渐成了藏式围裙的代名词。它的原料与氆氇相同，但比氆氇单薄、精致、小巧。藏族人用邦典来制作妇女的坎肩、围裙和挎包，或者镶嵌在藏袍边上，现代人还用它装饰客厅的墙壁。

邦典不仅仅是藏族妇女生活上的装饰，更为重要的是它成为了一个女人成长成熟的标志。一位藏族少女长到 15 岁以后，家人就要择日为她举行成人礼。其中主要的形式就是头戴巴珠卡，腰部也第一次系上五彩的邦典，然后要接受老人敬献的哈达和祝福的话语，老人的心中往往是百感交集，这·天预示着又一个孩子即将长大。 据说邦典的制作方法与文成公主有很多联系，文成公主进藏时将许多染料带到了高原，一路上她就把染色的方法教给大家，这才有了今天五彩斑斓的邦典；再看这些邦典上又多了个三角形，藏语称做"卓典"。

（三）藏族的民族礼仪

藏族也有献哈达表敬意的礼仪习惯，藏族同胞把"哈达"看做是最珍贵的礼物。"哈达"是宽约二三十厘米、长约一至两米的雪白织品，用纱或丝绸织成，每有喜庆之事，或远客来临，拜会尊长，远行送别，都要献哈达以示敬意

藏族还有什么独特的待客之道呢？藏族在迎接客人时要用手蘸酒弹三下，还要在五谷斗里抓一点青稞，向空中抛撒三次。在宴席上，主人端起酒杯先饮一口，然后一饮而尽，主人饮完头杯酒后，其他人才能自由饮用。饮茶时，客人必须等主人把茶捧到面前才能伸手接过茶饮用，否则认为是失礼。吃饭时讲究食不满口，嚼不出声，喝不作响，拣食不越盘。藏族用羊肉待客，以羊脊骨下部带尾巴的一块肉为贵，要敬给最尊敬的客人。制作时还要在尾巴肉上留一绺表示吉祥的白毛。

（四）与众不同的婚丧习俗

西藏人死后有五种葬法，最隆重的是塔葬，其次，活佛和一些领主逝世后，即享受火葬。小孩或因其他疾病死亡的人，则把尸体丢进河里水葬。生前作过坏事的人，即用土葬。藏族认为，被埋的人是永远不会转世的。天葬寄托一种升入"天堂"的幻想。天葬仪式一般都是在清晨举行的。死者家属在天亮前，要把尸体送到拉萨北郊的天葬台，太阳徐徐升起，天葬仪式也随之开始。不经允许一般是不欢迎人们去观看的。

（五）藏族独特的民族节日

新年：藏族节日繁多，其中最为隆重、最具有全民族意义的要数藏历新年。藏历新年相当于汉族的春节，是一年最大的节庆。从藏历十二月中旬开始，人们就准备过年吃、穿、用的节日用品。藏历新年的欢庆活动从藏历初一持续到藏历正月十五。

藏族称新年为"洛萨"，藏族的新年有两种，一种是藏历农家年，一般只在

西藏日喀则一带，其中包括西藏拉萨的尼木县。是后藏一带的藏族过的新年，他们把每年的藏历十二月一日定为藏历农家新年。另一种是西藏大部分地区，都过的藏历每年一月一日的新年。藏历是中国藏族人民的传统历法，基本上与夏历相同。据记载，公元前一百年以前，藏族就有自己的历法，它以月球圆缺一个周期为一个月，大小月相间，大月三十日，小月二十九日。平年十二个月，全年三百五十四日；闰年十三个月（平均每两年半到三年加一闰月），全年三百八十四日，用以调整月份和季节关系。藏历重视"定望"，不重视"定朔"，即"望"必须在每月十五，"朔"不一定在每月初一，这样藏历与夏历日序有时相差一天。

藏历采用干支纪年，以"阴阳"与"木、火、土、金（藏文直译为铁）、水"五行相配代替十干，以十二生肖代替十二支，再以十干和十二支相配成，如：阳木鼠、阴木牛、阳火虎、阴火兔等。藏历还采用二十四节气，对五大行星运行和日月食也做预报。

根据藏历理论，每三十二个半月应闰一个足月，这样藏历年与农历春节的日期就形成了一个特定的"三年循环"，即头一年相同，第二年差一天，第三年差一个月，然后再循环。一年有十二个月，月有大小，有星期。

自 1027 年藏历的火兔年（宋天圣五年丁卯）开始，每六十年称为一个"饶回"，相当于甲子。藏历为阴阳合历，已有一千三百余年历史。藏族最初运用物候观察，以麦熟为岁首；后受古代汉历、印度历的影响，自公元 624 年始有纪元，称"火、空、海"纪元；自 7 世纪中叶开始用十二年循环纪年；至 9 世纪前期进而使用六十年循环纪年。到公元 1027 年，自印度译《时轮经》为藏文，时为藏历阴火兔年，藏语将此年称为"饶回"，意为"胜生"，遂以此为纪元，称"胜生周"纪元。藏历的年长度为 365.270645 太阳日，月长度为 29.530587 日。后来在 7 世纪，唐朝文成、金成两位公主先后入藏成婚结盟，带来内地的历法。此后，藏族古历法与汉历、印度历法相结合，到元代时形成了天干、地支、五行合为一体的独特的历法。大约在 13 世纪元代的萨迦王朝时，规定藏历元月一日为新岁

起始，沿袭至今。

转山会

转山会是藏族传统节日，又称沐佛节、敬山神。在甘孜、阿坝藏族地区普遍流行。每年农历四月八日，有九龙叶水为其沐浴，因此又谓沐佛节。每年这一天，甘孜藏区远近群众身着民族服装，在马山上和折多河畔汇集，人们先到寺庙里燃香祈祷，焚烧纸钱，然后转山祭神，祈求神灵保佑。然后，支起帐篷进行野餐，演藏戏、唱民

间歌谣、跳锅庄舞、跳弦子舞，骑手们还进行跑马射箭比赛。在此期间，人们还要有交流物资和其他文化体育活动。

采花节

采花节是南坪县博峪一带藏族传统节日。每年农历五月初五举行，为期两天。传说在很久以前博峪是一个荒僻的山沟，人们以采集和狩猎为生，以树叶和兽皮做衣服。一天，从远方来了一位叫莲芝的姑娘，她美丽善良、心灵手巧，教会了当地人们开荒耕种和织布缝衣，还采来百合花为人们治病。有一年五月初五这天，莲芝上山采花，被大风卷下悬崖摔死了。人们很悲伤，于是在每年的这一天都会上山采花纪念她。从此就形成了采花节。

萨噶达瓦节

萨噶达瓦节是藏族在每年四月十五日举行的节日。关于萨噶达瓦节有不同的两种说法：一种是说这个节日是纪念释迦牟尼成道的日子；另一种是说这个节日是纪念文成公主到达拉萨的日子。每当这天西藏各地都要举行宗教纪念活动。在云南的藏族人民有的还要到维西县的达摩山朝拜，还有"转葛拉"（绕山）的仪式。

女儿节

女儿节是甘肃文县的藏族在每年农历五月初四、初五举行的节日。节日期间，姑娘们由自己的胞兄陪同，穿上艳丽的服装，带上美味可口的佳肴，上山采茶对歌，和小伙子互相敬酒，祈祝吉祥。

望果节

望果节是西藏藏族传统节日之一。节期为一至三天不等。每年七月，粮食

藏

族

收成在望，藏民们便背着经卷转绕田间，预祝丰收。同时举行赛马、射箭、文艺表演等活动。

雪顿节

雪顿节是藏族传统节日，起源于 11 世纪中叶。藏语"雪"意为"酸奶"，"顿"意为"宴会"，雪顿节即为酸奶节，每逢藏历六月三十日举行，为期四至五天。据佛教规定，出家比丘在一段时间内禁止出门。夏季，藏历六月底期满，比丘出寺下山，世俗百姓以酸奶子进行施舍。

17 世纪中叶，清朝正式册封五世达赖和四世班禅后，西藏各地著名的藏戏团体集中到拉萨为雪顿节助兴，雪顿节活动演变成为以藏戏会演为主，宗教和文娱活动相结合的重要节日，故又称"藏戏节"。因其范围局限在寺庙内外，并以哲蚌寺为中心，故称为"哲蚌雪顿节"。18 世纪初，雪顿节活动中心从哲蚌寺又转移到罗布林卡，允许市民入园观看藏戏。

节日期间有哲蚌晒佛、藏戏表演、逛林卡等活动。每年的藏历六月三十日，拉萨市西郊的哲蚌寺都举行盛大的"展佛"活动，让更多的信徒有机会膜拜佛祖。节日期间，罗布林卡内，人山人海，林木间到处是帐篷、地席，藏族群众欢聚在这里喝着青稞酒、酥油茶，吃着酸奶子，并观看藏戏和欣赏各种文艺节目。

白来日追节

白来日追节是藏历十月十五日举行的一年一度的藏族传统节日，即"吉祥天母节"。

关于这个节日的起源，藏族民间有个生动的传说：大昭寺的守护神母玛索

杰姆有三个女儿，小女儿白拉协姆，二女儿东赞杰姆，大女儿白拉扎姆。因为她们不听话，母亲便许了咒，诅咒大女儿一生不得丈夫，即使有也只能一年见一次。咒愿实现了，白拉扎姆的情人赤仆宗赞住在拉萨河南岸，每年只能在藏历十月十五日相见一次。

为庆祝"天母节"，妇女们在这一天会刻意梳妆打扮，到白拉扎姆天母像前焚香祈

中国民族（一）

祷。西藏自古就有不论贫富向晚辈、僧侣、小孩们进行施舍的习俗，小孩们在这一天是最快乐的，一大早就向父母要白来日追节日零花钱。

从藏历十月十四日晚上开始，朝拜白拉扎姆的信徒就络绎不绝，许多善男信女纷纷向天母敬献"哈达"，大昭寺的全寺僧众举行隆重的例行年祭和会供曼陀罗的定时大祭，并将白拉扎姆的天母像面朝拉萨河南岸的赤仆地，而赤仆地也把宗赞的塑像面朝北，表示两相会面之意。

（六）不可忽视的民族禁忌

接待客人时，无论是行走还是言谈，总是让客人或长者为先，并使用敬语，如在名字后面加个"啦"字，以示尊敬和亲切，忌讳直呼其名。迎送客人，要躬腰屈膝，面带笑容，室内就座，要盘腿端坐，不能双腿伸直，脚底朝人，不能东张西望。接受礼品，要双手去接。赠送礼品，要躬腰双手高举过头。敬茶、酒、烟时，要双手奉上，手指不能放进碗口。藏族人绝对禁吃驴肉、马肉和狗肉，有些地区也不吃鱼肉。敬酒时，客人须先用无名指蘸一点酒弹向空中，连续三次，以示祭天、地和祖先，接着轻轻喝一口，主人会及时添满，再喝一口再添满，连喝三口，至第四次添满时，必须一饮而尽。吃饭时要食不满口、嚼不出声、喝不出响。喝酥油茶时，主人倒茶，客人要待主人双手捧到面前时，才能接过来喝。禁忌在别人后背吐唾沫，拍手掌。行路遇到寺院、玛尼堆、佛塔等宗教设施，必须从左往右绕行。不得跨越法器、火盆。经筒、经轮不得逆转。忌讳别人用手触摸头顶。

藏族

六、美不胜收的屋脊艺苑

珠穆朗玛是世界的屋脊，在这屋脊之下，藏族人民以他们的"哈达"献给这片养育了他们的最圣洁的土地。藏族人民创造了灿烂的民族文化，在音乐、舞蹈、文学、绘画、雕塑、建筑艺术等方面，都有丰富的文化遗产。

（一）藏族歌舞

早在 12 世纪至 13 世纪前后，即出现了论述藏族民族音乐的专著，如萨迦班达智·贡格坚赞的《论西藏音乐》等。寺庙中至今保存并使用藏族的古老图形乐谱——央移谱。

1. 藏族音乐

藏族传统音乐特色鲜明、品种多样，包括民间音乐、宗教音乐、宫廷音乐三大类。民间音乐可分为民歌、歌舞音乐、说唱音乐、戏曲音乐、器乐等五类。卫藏、康巴、安多三大方言区的民间音乐在风格上有明显的差别，乐种亦不尽相同。宗教音乐包括诵经音乐、宗教仪式乐舞羌姆、寺院器乐；宫廷乐舞嘎尔只传于拉萨布达拉宫及日喀则扎什伦布寺。民间音乐在传统音乐中居主要地位。央移谱民歌包括山歌（牧歌）、劳动歌、爱情歌、风俗歌、颂经调等。

山歌

卫藏地区称"拉噜"、康巴地区称"噜"、安多地区称"勒"，是在山野间自由演唱的歌曲。山歌音域宽广，节拍、节奏自由，旋律起伏较大、悠长高亢，极富高原特色。安多地区的山歌当地亦称为酒曲。牧歌流行于牧区，与山歌音乐特点相近。甘孜山歌《阿中》是很具有代表性的一首。

劳动歌

藏语称"勒谐"，种类甚多，几乎在各种劳动中都有特定的歌曲。有的节奏鲜明，与

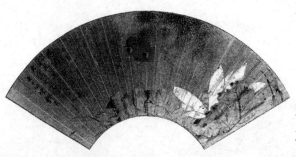

劳动动作紧密配合，如打青稞、挖土、打墙等；有的节奏较为自由，如放牧、犁地、挤奶等。劳动歌有独唱、齐唱及一领众和等形式。

爱情歌

包括情歌、情茶歌等，安多地区称情歌为"拉伊"，卫藏地区称"嘎噜"。情歌音乐有的较深情，有的较开阔自由，接近山歌风格。情茶歌藏语称"克加"，流传于云南中甸等地，是在青年男女们聚会、饮茶以表达爱情时唱的歌，包括招呼歌、进门歌、对歌、感谢歌、告别歌等。风俗歌包括酒歌、猜情对歌、婚礼歌、箭歌、告别歌等。

2. 歌舞音乐

藏族民间歌舞形式多样，特色鲜明，各地区的名称也不相同。歌舞曲的唱词内容广泛，如歌颂日月星辰、山河大地，赞美妇女的容貌服饰、思念亲人、祝福相会、祝颂吉祥如意以及宗教信仰等内容。

果谐是一种古老的歌舞形式，意为圆圈歌舞，流传广泛，萨迦地区称"索"，工布地区称"波"或"波强"，藏北牧区、安多地区等称"卓"或"果卓"（俗称锅庄）。果谐多在节日喜庆、劳动之余和宗教仪式上演唱，参加者相互拉手扶肩，边唱边舞，不用乐器伴奏。

堆谐是西藏西部地方的歌舞。堆是高地的意思，指雅鲁藏布江流域由日喀则以西至阿里整个地区。堆谐在拉萨地区极为盛行，最初只用札木聂伴奏，后发展为小型乐队伴奏。

弦子藏语称"页""伊"或"康谐"，流行于康、卫藏地区。由于歌舞时男子用牛角胡或二胡在队前领舞伴奏，故称弦子。弦子发源于西川巴塘，巴塘弦子以曲调优美、曲目丰富、舞姿舒展而著称。弦子的音乐极富歌唱性，结构简练。

囊玛

主要流行在拉萨地区。囊玛的音乐基本上由中速的引子、慢板的歌曲及快板的舞曲三部分组成。歌曲部分的音乐典雅优美，演唱时伴以简单舞蹈动作；舞曲部分热情活泼，舞蹈轻快舒展，表演者只舞不唱，伴奏形式与堆谐相同。

藏族

谐钦

流传于西藏拉萨、山南、日喀则、阿里等地区的古老仪式歌舞形式，多在隆重节日或仪式时演唱。谐钦一般由多首组成带有标题的歌舞曲，首尾乐曲分别称为"谐果"（引子）及"扎西"（吉祥），每首歌舞曲由慢板及快板，或由慢板、中板、快板组成，音乐古朴热情。歌词内容有人类起源、历史传说、赞颂祝福等。

热巴

热巴是藏族的一种以铃鼓舞为主，包括弦子、锅庄、踢踏、说唱和杂耍在内的综合表演艺术。相传为11世纪的流浪僧人米拉热巴所首创，距今已有九百多年的历史。舞时，男执铜铃，女举手鼓，舞蹈由慢而快，常作"顶鼓翻身""躺身蹦子""单腿转"等特技表演。从事这种表演的艺人也称为"热巴"。

踢踏舞

藏族踢踏舞，最初为宫廷舞。跳舞时，脚穿硬底皮鞋，通过踏出有变化的节奏表达内心的感情。踢踏舞由横笛、扬琴、六弦琴、铜铃、月琴等伴奏，节奏由慢而快，达到高潮时以结束步突然结束。

勒谢：勒谢是藏族的一种劳动歌舞。在劳动的同时，口中的歌与手中的工具及腿脚有节奏的动作相配合，使劳动成为边歌边舞的形式。在进行铲土、打夯、垛麦等强体力劳动时，口中的歌有很强的劳动号子味道。

此外，还有流行于西藏地区的卓谐（鼓舞），流行于云南中甸地区的雄冲、卓见，流行于甘南地区的多底舞、嘎巴舞等。

3. 说唱音乐

藏族说唱音乐有仲谐、折嘎、嘛玛尼等，多由民间艺人和僧人演唱。仲谐意为讲故事的歌，有说有唱，流传甚广，内容多为长篇民间故事或叙事诗，如《格萨尔王传》《藏岭·尼麦贡觉》等。唱腔数量甚多，大多具有朗诵性特点，结构多为上下句组成的乐段及其变化重复。

折嘎是贫苦流浪艺人乞讨时，或游方僧人化缘时表演的一种说唱音乐。多

用牛角胡琴伴奏，自拉自唱。有的艺人只用木棒做道具，一面说唱，一面表演动作。唱词有的讲述故事，有的即兴编词，多为颂赞主人的吉利话。音乐简单朴素，具说唱特点。

嘛玛尼是一种古老的说唱形式。演唱者多为尼姑或民间艺人，他们张挂起描绘佛经故事的轴画，向群众说唱画中故事。

4. 戏曲音乐

藏戏广泛流行于藏族地区的以歌舞形式表现故事内容的综合性艺术。藏语称"阿吉拉姆"，意为"仙女大姐"。相传是15世纪初由噶举派喇嘛唐东杰布为化募修建雅鲁藏布江铁索桥资金而创。

藏戏包括西藏藏戏（阿吉拉姆）、安多藏戏（南木特）、德格藏戏、昌都藏戏等四个剧种，各剧种的唱腔、音乐、表演、服饰等具有不同特色。西藏藏戏及安多藏戏流传较广，影响较大。西藏藏戏历史悠久，其起源可追溯到8世纪赤松德赞时期，在桑鸢寺落成典礼上，艺人们将藏族民间舞与佛经故事结合成为一种哑剧式的跳神仪式。

传统剧目大多取材于民间故事、历史传记、历史事件，如《文成公主》《诺桑王子》等。连台演出，并穿插歌舞，演唱时，其他演员也合声帮腔。唱腔变化较多，舞蹈动作舒展。一出戏一般分为三个段落。伴奏主要用鼓、钹等。化妆、道具都很简单，过去多在广场演出。

（二）藏族器乐

藏族民族乐器种类繁多，弹拨乐器有札木聂、扬琴；弓弦乐器有牛角胡、贴琴、根卡、胡琴、热玛琴等；吹管乐器有竖笛、骨笛、大号、号、唢呐、铜笛、海螺、口弦、竹笛、泥笛等；打击乐器有大鼓、热巴鼓、达玛鼓、巴郎鼓、锣、镲、串铃等。其中的札木聂、牛角胡、大号、竖笛最富有特色。札木聂即六弦琴，据传已有600-700年历史，是民间歌舞堆谐、囊玛和札木聂弹唱的主要伴奏乐器。牛角胡，藏语称"比汪"或"比庸"，与二胡形式相似，但琴筒用牛角制成，主要为弦子及折嘎伴奏。竖笛、骨笛流传于牧区。竖笛用木制，骨笛用鹰腿骨或羊腿骨制成，音区高，音量小，声音尖细，常用以吹奏牧歌曲调。

大号，藏语称"同钦"，铜制，管身无孔，长约三米，下端有大叭口，能吹出基音及五度泛音，音量宏大，多用于寺院仪式活动及藏戏音乐中。

根卡，是藏族弓拉弦鸣乐器。历史悠久，最早只用于古典歌舞"囊玛"的伴奏，未在民间流行。音色富有浓厚的高原风味，已用于独奏、重奏、合奏或为民间歌舞伴奏，深受藏族人民喜爱，流行于西藏自治区拉萨、日喀则等地。

勤劳的藏族人民，多才多艺，能歌善舞。据古籍记载，早在一千三百多年前，藏族音乐受到中原文化的影响，就发展到较高的水平，并有了较完美的歌舞艺术。

（三）藏族文学

藏族文学历史悠久，作品丰富，民族风格鲜明，文学语言精湛，足以让世人惊叹。它在世界文学宝库中也占有重要的地位。

《格萨尔王传》：

相传在很久很久以前，天灾人祸遍及藏区，妖魔鬼怪横行，黎民百姓遭受荼毒。大慈大悲的观世音菩萨为了普度众生出苦海，向阿弥陀佛请求派天神之子下凡降魔。神子推巴噶瓦发愿到藏区，做黑头发藏人的君王——即格萨尔王。他具有特殊的品格和非凡的才能，他是神、龙、念（藏族原始宗教里的一种厉神）三者合一的半人半神的英雄。格萨尔降临人间后，多次遭到陷害，但由于他本身的力量和诸天神的保护，不仅未遭毒手，反而将害人的妖魔鬼怪杀死。格萨尔自幼家贫，于现阿须、打滚乡放牧，由于叔父离间，母子漂泊在外，相依为命。5 岁时，格萨尔与母亲移居黄河之畔，8 岁时，岭部落也迁移至此。16

岁赛马选王并登位，遂入岭国都城森周达泽宗并娶珠姆为妻。格萨尔一生降妖伏魔，除暴安良，南征北战，降伏了入侵岭国的北方妖魔，战胜了霍尔国的白帐王、姜国的萨丹王、门域的辛赤王、大食的诺尔王、卡切松耳石的赤丹王、祝古的托桂王等，先后降伏了凡十个

"宗"（藏族古代的部落和小帮国家）。统一了大小一百五十多个部落，岭国领土始归一统。在降伏了人间妖魔之后，格萨尔功德圆满，与母亲郭姆、王妃森姜珠姆等一同返回天界。完成了他降妖伏魔、抑强扶弱、造福百姓的神圣使命。

被称为"仲鲁"的《格萨尔王传》是中国三大史诗之一，是世界上最长的英雄史诗。它以说唱的形式描写和反映了藏族古代历史，是研究青藏高原古代社会史的重要文献。《格萨尔王传》是藏族人民的集体创作，约有一百多部。因是口头说唱，艺人随时有所增减，内容不十分固定，但故事基本情节、主题思想是固定的。它以雄浑磅礴的气势，通过对几十个邦国、部落之间战争的有声有色的叙述，反映了6-9世纪以及11世纪前后藏族地区的一些重大历史事件，表达了藏族人民渴望和平统一的美好理想。《格萨尔王传》卷帙浩繁，内容丰富，在某种意义上说，是藏族文化的一部百科全书，是研究藏族历史、社会、文化、宗教、风情、道德、语言等方面的宝藏。

《米拉日巴道歌》

米拉日巴是藏族古典诗人、佛学家，又名脱巴噶。出生于西藏阿里贡塘娘昂杂地方（今西藏吉隆县境内）。7岁时父亲去世，留下寡母弱妹与米拉日巴三人，家产被夺，受人欺凌。米拉日巴成年后，惩罚了仇人，因而产生"悔罪"之心，遂学习佛法，以求超脱。米拉日巴是一个彻底的出世主义者。他从维护佛教的立场出发，反对和抨击那些借佛教之名以图富贵、贪鄙虚伪、欺世盗名的宗教上层人物。终身坚守佛教的清规戒律，遁迹山林，潜心苦修，在佛学上获得相当高的成就，成为噶举派的创始人之一。米拉日巴自幼喜爱唱歌，嗓音甚好，颇受群众欢迎。晚年成为名僧后，遂借用民歌形式，向弟子和信徒宣扬佛法，并创作了许多道歌，广泛流传于民间。15世纪噶举派僧人桑吉坚赞将其辑录成册，采录了近五百首诗歌，雕版印刷，刊行于世，题为《米拉日巴道歌集》。《米拉日巴道歌集》的内容，除宣扬佛法外，在一定程度上揭露了统治者残暴贪婪的反动本性，抨击了某些上层喇嘛假佛济私的卑劣行为，还有一些诗篇则生动地描绘了西藏高原优美的自然风光。米拉日巴的诗歌多数采用鲁体民

藏族

歌格律，前面几段是比兴，最后一段点出主旨，把社会生活、自然景观与佛教哲理融合在一起，深入浅出，生动形象，通俗易懂。后世仿作甚多，形成了藏族诗歌的一个流派。

《萨迦格言》

藏族第一部哲理格言诗集是《萨迦格言》。作者是藏族学者、诗人萨班·贡噶坚参（1182—1251）。其幼年学佛典与梵文。青年时代，精通五明之学（五明是藏族对一切学问的总称，包括大五明和小五明，共十科。大五明指工艺学、医学、声律学、正理学和佛学；小五明指修辞学、词藻学、韵律学、戏剧学和星象学），被尊称为"萨迦班智达"（班智达系印度语，意为学者）。《萨迦格言》成书于13世纪上半叶，作者声明写作本书的目的是："为了世人有规可循，我把圣法加以弘扬。"他以宗教家的身份观察评论各种社会现象，提出处世、治学、识人、待物的一系列主张，内容涉及区分智愚、扬善贬恶、皈依佛法等各个方面，全部格言以每首七言四句的诗歌形式写成。从此书中除了可以窥见藏族格言的写作艺术以外，还可以考察西藏农奴社会的社会思潮、道德标准、宗教意识、风土人情等等。本诗集对后世藏族格言诗的创作起了推动作用。如16世纪的《格丹格言》，18世纪的《水树格言》，19世纪的《国王修身论》以及《火的格言》《天空格言》《宝贝格言》等，从思想内容到艺术形式、写作方法诸方面，都不同程度地受到《萨迦格言》的影响。《萨迦格言》重在说理，善于运用比喻。语言简洁，形象鲜明，准确有力，用词雅俗兼蓄，既有佛经掌故，又有民俗民谚，深入浅出，别开生面。它成为藏族学者必读著作，也

在群众口头广泛流传。《萨迦格言》藏区各印经院均有木刻版本，刊行不久，首先译成八思巴文、蒙古文和汉文，后陆续有英、法、日、捷、匈等多种外文译本，在国内外均有较大影响。

《仓央嘉措情歌》

17世纪藏族情歌集。第六世达赖喇嘛仓央嘉措著。作者以亲身感受创作了大量诗歌，写出了人的内心矛盾和对现实生活的理想。这些作品不但思想内容积极进

步，而且具有很高的艺术技巧。格律结构
上，采取了谐体民歌的形式，基本上每首
四句，每句六个音节，分为三拍。即四句
六言三顿，节奏响亮，朗朗上口。情歌多
取比兴，直抒胸怀，自然流畅，通俗易
懂，为藏族诗歌创作开拓了新的诗风。

（四）藏族美术

酥油花

酥油花是塔尔寺的三绝之一。酥油花就是用酥油制成的奇花异草、亭台楼
阁、飞禽走兽、各种人物。每年从立冬开始，酥油花艺人便将纯净的酥油切成
薄片，和上冰水，像揉面一样揉匀，然后再掺以各种矿石染料，色泽鲜艳，经
久不褪。每年农历正月十五日灯节时将做好的造型生动、形象逼真、工艺精巧
的酥油花展出，成为塔尔寺盛会。

唐卡

唐卡是用纸或布作底，用彩缎装裱而成的彩色卷轴画。唐卡不仅是寺院僧
舍必备的庄严之物，而且也是平民百姓的供奉之物。唐卡因品种和质地的不同
可分为刺绣唐卡、织锦唐卡、贴花唐卡和珍珠唐卡。唐卡的题材和内容十分丰
富，多数以宗数活动为主题，同时也反映藏族人民的历史和民族风情。

壁画

西藏壁画艺术有着悠久的历史。早在二千一百多年前就开始萌芽。西藏壁
画艺术构图严谨、丰满，布局疏密有致，层次丰富，活泼多变。绘画以铁线描
法为主，结构严谨、神态逼真、色彩鲜艳浓重，对比度好，尤其是"金"的大
量应用，不仅有"描金""干贴"，还有在表现画面最明亮处的"磨金"。"金"
不仅用来勾线、画图案，而且还大量用在壁画中的饰物、供品及佛像身上，光
彩夺目。西藏壁画艺术为我们研究西藏社会的发展提供了文字记载所无法代替
的形象的历史资料，是中国文化宝库中一笔珍贵的遗产。

雕刻

藏族的雕刻艺术，从画风上可分为宫廷雕刻与民间雕刻两种。宫廷雕刻拘
谨刻板，而民间雕刻自由豪放、单纯粗犷。民间雕刻渗透着更多的世俗生活的

风采，多见于经板、玛尼石、岩石、古建筑物及法器等。

　　藏族人民生活在喜马拉雅的情怀下，展示着藏民族独特的民族意蕴；藏族人民围绕在青稞酒、酥油奶茶的香气中，用最盛情的待客之道欢迎着每一位来藏的朋友。

维吾尔族

听说过阿凡提的故事吗？阿凡提用他的智慧去帮助了很多穷苦人，成为大家心目中的英雄。那么，英雄阿凡提的故乡你了解多少呢，想知道阿凡提是在什么样的环境中成长起来的吗？今天我们就来了解这个能歌善舞、热情似火的民族——维吾尔族。

一、神秘的民族族源与概况

维吾尔族生活在我国西部的天山脚下，是一个能歌善舞的民族，新疆维吾尔自治区是我国面积最大、国境线最长、交界邻国最多的省区，面积大约有一百六十余万平方公里，我们不妨打开地图看一看，它的面积大概占了全中国总面积的六分之一。新疆深居亚欧大陆腹地，在历史上成为沟通东西方闻名于世的"丝绸之路"要冲，现在又成为从中国东海岸的连云港连接荷兰鹿特丹的铁路——横穿两大洲第二座"亚欧大陆桥"的必经之地。这里是一个幅员辽阔、多民族聚居的地区，包括哈萨克、塔吉克、锡伯、达斡尔等民族，其中维吾尔族约占全自治区的五分之三，维吾尔族主要聚居在新疆维吾尔自治区天山以南的喀什、和田一带和阿克苏、库尔勒地区，其余散居在天山以北的乌鲁木齐、伊犁等地，只有少量维吾尔族居住在现在的湖南桃源、常德以及河南开封、郑州等地区。

关于维吾尔族还有很多美丽的传说故事，相传在很久很久以前，有一位维吾尔族少女叫塔格莱丽丝，美如天仙，有一个恶少，意图霸占这个少女，少女不甘受辱，便化成了一座冰峰，也就是现在的博格达主峰，恶少贼心不死，想要爬上峰顶去吻少女的脸。为了保护姐姐不受玷污，少女的两个弟弟也化作两座冰峰，守在姐姐的左右阻挡恶少。恶少想要绕过大弟二弟偷袭这个少女，但爬到半山腰时，发生了雪崩，便被雪崩活埋了。这个少女和两个弟弟最后变成的这三座山峰，也就是号称"东部天山第一峰"的博格达峰，它被称为新疆乌鲁木齐的"守护之神"，成为民间尊崇的偶像。

不知过了多少年后，被活埋的恶少竟变成了一条恶龙，想再次去侮辱少女，被五位青年发现，他们决心为民除害，在山上与恶龙展开殊死搏斗，经过七七四十九天的奋战，五个青年精疲力竭，昏倒在山上，恶龙趁机将他们一

一向山东面投掷，当投掷到最后一位青年时，那青年突然醒来，奋不顾身，紧紧抱住恶龙从主峰南面跳了下去，五位青年为保护少女，也化作五座冰峰，即现在博格达三座主峰东南侧排列着的海拔5000米以上的五座冰峰，恶龙则变成断了脊梁的恶狼，始终也未能实现凌辱少女的痴心妄想。

你知道维吾尔族的族名是什么意思吗？这个民族又是怎样来的吗？"维吾尔"是维吾尔族对本民族的一个自称，有"联合""协助"的意思，维吾尔族是一个充满热情，积极进取的充满团结力量的民族。

其实维吾尔族的形成和发展同人类社会许多民族一样，经历了复杂而漫长的历程。关于维吾尔族的形成过程，在维吾尔族中早就流传着许多传说。传说之一是他们把自己的族源与神话人物乌古斯可汗联系在一起。此传说还流传于突厥语系其他民族和古代蒙古部落中。这一传说以维吾尔族英雄史诗《乌古斯可汗传》这种文学形式流传下来。史诗称乌古斯原来是一位极其勇敢、强壮的人物。成人后与神女结婚，生下了坤汗（太阳汗）、爱汗（月亮汗）、余勒都思汗（星星汗）、阔克汗（大汗）、塔格汗（山汗）、鼎格思汗（海洋汗）等六个儿子。后来，乌古斯可汗征服许多部落，成为各部落的首领。研究者证明，"维吾尔"和"乌古斯"是两个密切相连的概念。

维吾尔族真正的族源，可追溯到公元前3世纪游牧于我国北方和西北贝加尔湖以南、额尔齐斯河和巴尔喀什湖之间的"丁零"。后来"丁零"又被称为"铁勒""赤勒"或"敕勒"。由于他们使用的车轮高大，又被称为"高车"。8世纪改回纥为"回鹘"。9世纪中叶，大部分迁到西域，西迁后定居西域的回鹘，既融合了两汉以来移居这里的汉人，他们同原来就居住在南疆广大地区操焉耆、龟兹、于田语的人民，以及后来迁来的吐蕃人、契丹人、蒙古人长期相处，繁衍发展而形成了维吾尔族。

新疆位于亚欧板块的内陆。北有阿尔泰山，南有昆仑山、阿尔金山，西南是喀喇昆仑山和帕米尔高原，天山东西横贯中部，把新疆分为南疆和北疆。天山和阿尔泰山之间是准噶尔盆地，盆地中部是古尔班通古特沙漠，北部是良好的冬季牧场，南部是冲积平原。天山和昆仑山之间是塔里木盆地，盆地中部是塔克拉玛干沙漠，边缘是绿洲。总体构成了"三山夹两盆"的地理格局。新疆也是世界上距离海洋最远的地方，加上被高山环绕，海洋水气难以到达，因此形成典型的大陆性气候。冬季严寒漫长，春秋较短，夏季阳光充足，昼夜温差大，年日照时间长，相对湿度低。由于天山的阻隔，南疆和北疆的气候又有明显的差别。南疆比较温暖，雨雪较少，年均降水量只有五十毫米，但是山脉、高原的冰雪融水为塔里木盆地周围的绿洲提供了灌溉水源，而绿洲则是维吾尔族聚居的农业区。北疆较冷，雨雪较多，年平均降水量有二百毫米，天山西部山区可达七百毫米以上。新疆地大物博，水、土地、森林、生物、能源、金属矿产等资源丰富。稀有金属和有色矿产分布广泛，成矿条件好。境内石油和煤炭分布广、储量大。地热、风能、太阳能丰富。境内有塔里木河、喀什噶尔河、喀拉喀什河、叶尔羌河、额尔齐斯河等数百条河流，除额尔齐斯河注入北冰洋外，其余为内陆河，其中塔里木河是中国最长的内陆河。其境内还有一百多个湖泊，曾有著名的罗布泊，现有博斯腾湖、艾比湖等。天山和阿尔泰山中有大片的原始森林，西伯利亚落叶松和雪岭云杉质材优良。新疆的罗布麻、橡胶草、肉苁蓉、雪莲等稀有植物用途广泛，野骆驼、黄羊、羚羊、玄狐、银狐等野生动物种类繁多。新疆盛产无核葡萄、甜瓜、西瓜、香梨、白杏和无花果等，享有"瓜果之乡"的美誉。而且，新疆还是中国三大牧区之一，畜产品相当丰富。新疆还有着非常优越的旅游资源。著名的自然景区有天池、喀纳斯湖、博斯腾湖、赛里木湖、巴音布鲁克草原等。

维吾尔族以农业为主，种植棉花、小麦、玉米、水稻等农作物，还擅长园林艺术。中国最大面积的葡萄生产基地，即葡萄沟，就在离新疆维吾尔自治区首府乌鲁木齐东南184公里的吐鲁番盆地。

维吾尔族也有属于自己独特的文化艺术，如故事集《阿凡提的故事》、音乐舞蹈史诗"十二木卡姆"、维族舞蹈等闻名中外。维族传统舞蹈有顶碗舞、大鼓舞、铁环舞、普塔舞等；维族民间舞蹈有赛乃姆、夏地亚纳；民间乐器有"达甫（手鼓）"、"都他尔"和"热瓦甫"等。维吾尔民族医学是祖国医学的重要组成部分。另外，新疆现已成为全国最大的棉花产区和主要石油产区。

二、深厚的民族文化与文学

一个民族有一个民族的历史文化，而维吾尔族也有着其历史悠久、风格独特的文化艺术。

（一）文学

维吾尔族使用维吾尔语，属于阿尔泰语系突厥语族。在长期的历史发展过程中，维吾尔族人民曾先后使用过古代突厥文、回鹘文、摩尼文、婆罗米文、吐蕃文和拉丁文等文字。

也许你还没有真正了解过维吾尔族的文学，一旦开始接触这个民族的文学，你会发现维吾尔族的文学体裁和文学内容都十分丰富，维吾尔族的劳动人民在口头文学创作中表现了鲜明的爱与憎，有许多民间故事、寓言、笑话、诗歌和言语，歌颂人民群众的勇敢、智慧和善良，讽刺剥削阶级的贪婪、残暴和愚昧。例如流传极广的"阿凡提的故事"就以十分幽默、含蓄的语言嘲笑那些欺压百姓的人。其中不少是有教育意义的，而且深受青少年朋友的喜爱。维吾尔族还有自己独特的文化艺术，玉素甫·哈斯·哈吉甫的叙事长诗《福乐智慧》，穆罕默德·喀什噶里的百科知识性辞书《突厥语大词典》都是祖国文化宝库中的珍贵遗产。

《福乐智慧》是维吾尔族著名的古典叙事长诗。玉素甫·哈斯·哈吉甫著，成书于1069-1070年。全书共85章，13290行，韵文体。内容是按伊斯兰教的道德标准宣扬做人的道理。涉及社会、政治、经济、哲学、文学等各个领域。对维吾尔族文学的发展产生了很大影响，在维吾尔文学史上占有重要地位。

《艾里甫与赛乃姆》是维吾尔族民间叙事长诗。作品歌颂了纯洁的爱情，反映了维吾尔族人民追求幸福生活的强烈愿望，在维吾尔文学史上占有重要地位。今有三种抄本，已被改编成话剧、歌剧和电影。

《突厥语大辞典》是我国第一部用阿拉伯文注释的突厥语辞书。11世纪著

维吾尔族

121

名的维吾尔族语言学家马赫穆德·喀什噶里编著。全书共八卷，收词七千五百余条，各卷均由上、下分卷组成，每卷按门类、词根分类，类内又按词型和语音特征排列。全面介绍了当时突厥语族的历史、地理、语言、文学、典章制度、经济、天文、历法等方面的知识，是研究那一时期社会历史、民族发展的宝贵资料。

鲁明善所著的《农桑衣食撮要》也是我国最早一部按月令记述农事活动的农业专著。后来维吾尔族的文艺作品更是在内容与表现形式上进行改进，充分反映了劳动人民的生活现实。

（二）艺术

维吾尔族是一个能歌善舞的民族，舞蹈与音乐已经成为维吾尔族人民生命中的一部分，维吾尔族的音乐以热情洋溢、节奏明快著称。我们熟知的《达坂城的姑娘》《掀起你的盖头来》等都已成为家喻户晓的歌曲。随着维吾尔族的历史演变，民族音乐开始由传统音乐发展出多种多样的形式。其中包括木卡姆、刀郎等。

1.音乐

在古代，新疆维吾尔地区的龟兹乐久负盛名。《大唐西域记》中记载："屈友国（即龟兹）管弦伎乐，特善诸国。"由此我们可以想象，维吾尔在公元4世纪时就创造出了如此灿烂的音乐文化并闻名世界。如果说"特善诸国"的龟兹乐是古代维吾尔音乐的典范，那么现今流传在新疆地区并与龟兹乐有渊源关系的维吾尔木卡姆则应该是今天音乐殿堂中的艺术瑰宝。

"木卡姆"是中亚、南亚、西亚、北非及整个伊斯兰文化圈内拥有的一种

乐舞形式。"木卡姆"这个词源于阿拉伯语。在现代维吾尔语中，这个词有广义、狭义之分，广义指一种大型古典歌舞套曲，狭义则指散板形式的维吾尔木卡姆，被誉为"维吾尔音乐之母"，源于民间，是融合维吾尔民歌、器乐、说唱、歌舞于一体的大型歌舞套曲形式。维吾

尔木卡姆与其他国家的木卡姆相比，数量最多，艺术形式完整。

木卡姆形成于 15–16 世纪。维吾尔木卡姆按流行地区和风格特色，可分为南疆木卡姆、北疆木卡姆、刀郎木卡姆、哈密木卡姆、吐鲁番木卡姆等等多种。

每一种木卡姆有六至十二套。人们常说的十二木卡姆，是指南疆木卡姆，是由十二部大型古典套曲组成，每一部套曲又包括"穷乃合曼""达斯坦"和"麦西热甫"这三个大部分。"穷乃合曼"从散板序唱开始进行，紧接是慢速的太孜，到热烈的赛乃姆和大赛勒克，末尾以轻快的太喀特结束，其中有歌曲和舞曲，各曲间有间奏曲。

北疆木卡姆，是 19 世纪由南疆传进来的，也有十二套。除了没有"穷乃合曼"之外，结构与南疆的木卡姆基本相同。音乐比较明快，主演唱者用弹布林或者萨它尔。而哈密木卡姆流行于东疆的哈密地区。与南、北疆木卡姆相比较，风格与结构不尽相同。它由短小的散序起唱，接着演唱系列短小的歌曲和歌舞曲，没有间奏曲。它也有十二套，称哈密十二木卡姆。其伴奏乐器有哈密艾介克（似中胡）、刀郎热瓦甫、手鼓等。全部歌曲有 262 首，从头演唱一遍约需十二个小时。

木卡姆唱词，一类基本表现了劳动人民热爱生活，批判黑暗，向往幸福；另一类来自民间艺人，内容多反映爱情和生活。

刀郎是喀什地区麦盖提、巴楚、莎车的一种文化现象。刀郎舞称刀郎赛乃姆，音乐称刀郎木卡姆。刀郎舞是一种礼俗性舞蹈，逢节日喜庆，人们都要跳刀郎舞。开场时唱散板序歌，不舞。跳刀郎舞的时候，人们要围圈席地而坐，男女相对起舞，动作粗犷、豪迈。音乐由慢变快，舞蹈由两人对跳变为集体舞。随后出现双人竞技性旋转表演。刀郎舞的唱词，有表现狩猎、打仗和生产劳动的，也有反映爱情生活。歌腔高亢激越。伴奏乐器有刀郎热瓦甫，刀郎艾介克、卡龙、小手鼓等。

民歌是维吾尔族流传最广、数量最多的民间音乐形式，并且蕴藏极为丰富，由于地理环境等多种因素的不同，各地维吾尔族民歌风格有着明显的不同。伊

维吾尔族

犁民歌多表现为抒情；哈密民歌多表现为简短明快；喀什民歌多为奔放粗犷。维吾尔歌手演唱常有乐器伴奏。民歌的音阶、调式方面，南疆大部分地区的民歌运用七声音阶或多于七声的音阶。而新疆东北地区有不少民歌运用五声、六声音阶。

维吾尔族民歌就其内容可分为传统民歌和新民歌两大部分，民歌是人民的心声的反映。传统民歌包括爱情歌、劳动歌、历史歌、生活习俗歌等类别。但其精神实质基本上是"苦中作乐"。劳动歌主要有猎歌、牧歌、麦收歌、打场歌、挖渠歌、纺车谣、砌墙歌等，而许多爱情歌中表达了青年男女对爱情的无比忠贞和热烈追求。历史歌则反映了维吾尔族人民历史上一些重大事件的歌曲。如北疆流行的《筑城歌》《往后流》等；有的歌颂农民起义，如《英雄沙迪尔》《马车夫之歌》《铁木尔海力派之歌》等；有的揭露帝国主义侵略者的丑恶面貌，如《迫迁歌》。生活习俗歌与各种仪式和民族传统习俗关系密切。在婚丧嫁娶、庆典、祭礼及民间节日中都要吟唱习俗歌。这类民歌有婚礼歌、迎春歌、迎雪歌、丧歌、封斋歌等。相和歌也可分为两小类。第一类以独唱的自弹自唱为主，演唱抒情、叙事性民歌。第二类相和歌采用固定节奏型，节拍规整，节奏鲜明，气氛热烈，常用以伴舞。表演形式以对唱、齐唱或领唱、帮唱为主。

就其性质而言，维吾尔民歌可分为吟咏性和歌舞性两类，曲目以描写爱情和风俗类的题材居多，音乐因自然环境、历史等原因呈现不同地域特征。如南疆主要继承了古代西域音乐成分，音乐采用波斯、阿拉伯乐系，其中喀什的民歌以节奏复杂、调式丰富见长；库车民歌热烈活泼、舞蹈性较强；自称为"刀郎"人的民歌风格粗犷，且保留着古老的牧歌特点。

东疆和北疆民歌皆以波斯—阿拉伯乐系为主，但据说东疆民歌更多保留了古代回鹘音乐的成分，并与当地汉族、蒙古族民歌有许多相似之处；北疆民歌兼有南疆和东疆民歌的特点，因其地为多民族杂居区，故也吸收了当地汉、哈萨克、塔塔尔等民族的音乐特征。比如人们耳熟能详的歌曲《送你一支玫瑰花》就采用了欧洲音乐体系的和声小调。

维吾尔族说唱音乐形式多样，十分活泼，

中国民族（一）

在人民生活中影响广泛。它主要有达斯坦、柯夏克等。

达斯坦有两种类型，分别为长篇和短篇。长篇都是带有故事情节的，曲调通常由上下句组成。演唱者可根据唱词内容灵活压缩或扩展乐句，比较自由。短篇达斯坦，通常反映新鲜事物或爱情。

2. 器乐

维吾尔族的乐器、形式丰富多彩，在不同的地区有不同的乐器与乐器组合演奏形式，而且表现力极为丰富。

独它尔

维吾尔族、乌孜别克族弹拨弦鸣乐器。独它尔之名来源于波斯语 dutar，"独"为"二"，"它尔"是"琴弦"之意，即两弦琴。汉文还译作都他尔、都塔尔、独塔尔等。流行于新疆维吾尔自治区。

民间流传着许多关于独它尔的传说：古代维吾尔族牧人，以黄羊为食，他们把黄羊的肠子丢弃在草地上，经风一吹，发出了优美的音响。后来，人们有意识地把风干了的羊肠张挂在挖空的木头上，制成了古老而简陋的独它尔。独它尔的历史较为久远，弹唱富有浓厚的维吾尔族民间特色，它是由自弹自唱发展而成的器乐、声乐与表演相结合的艺术形式。

达甫鼓

达甫即维吾尔族手鼓。在一个圆木框的一边蒙以羊皮、驴皮或蟒皮，框内环列小铜环。演奏时用两手执鼓边，双手手指拍击鼓面不同位置，发出音色不同的"咚""哒"声并使鼓身摇动发出"沙沙"声。达甫鼓是维吾尔族表演歌舞时的重要乐器，也用于独奏或乐队合奏。

弹布尔

维吾尔族弹拨乐器。又译"弹波尔"或"丹布尔"。多用桑木或核桃木制作，指板较长，音箱小，成瓢形，有五根钢丝弦，分三组，内弦两根一组；外弦两根一组，中间一根为一组。两根外弦为主奏弦，三根内弦为合音伴奏。音量较大，用于独奏和器乐合奏。

热瓦甫

维吾尔族的传统弹拨乐器。长约九十厘米，琴箱为半球形，蒙以马、牛皮，琴颈细长，顶部弯曲，指板上缠丝弦或铜、骨品位。有三、五、六、七、八弦等不同形制。演奏时抱琴，将琴杆置于右肩，左手按弦，右手执牛角拨子弹奏，可用于歌舞伴奏，也可独奏。

3. 舞蹈

维吾尔族的舞蹈轻巧、优美。传统的舞蹈有顶碗舞、大鼓舞、铁环舞、普塔舞等多种，"赛乃姆"是最普遍的舞蹈形式。在传统节日或客人到来时，维吾尔族人会即兴表演舞蹈，有时是一个人跳独舞，有时是两个人跳对舞，有时大家会一起跳起来，在乐队的伴奏下，围坐成圆圈的群众也会拍手唱和，随着音乐节奏的加快，舞蹈者的舞步也越来越快，观看的群众也会以"凯——那"（加油）之类的呼声为之呐喊。

"夏地亚纳"是流行在全疆尤其盛行于南疆的一种舞蹈，意思是欢乐的舞。

维吾尔族的音乐、舞蹈从形式到各个方面都以深厚真挚的阶级感情和朴素纯真的语言，表达出了维吾尔族人民对党和国家的无限热爱。

另外，值得维吾尔族骄傲的是维吾尔族医学。"维吾尔族医学"简称"维医"，有着悠久的历史和比较完整的理论体系。维吾尔医学以"土、水、火、空气"为代表的"四大物质学说"，以及"血津、痰津、胆津、黑胆津"的"四津体液学说"为基本理论，解释人体与自然环境的关系，创立了一整套诊断和治疗疾病的方法。诊断疾病重视查脉、望诊和问诊。治疗内科疾病以内服为主，

多用糖浆剂和膏剂，并重熏药、坐药、放血、热敷、拔火罐、饮食疗法等十多种疗法，对心脏病、肝胆病、胃病、结石、痢疾、精神病、白癜风等几十种疾病的治愈率较高。在吐鲁番有埋沙疗法，患者将身体的一部分埋在灼热的沙子中治疗疾病。这种疗法，对治疗各种类型的关节炎、慢性腰腿痛、坐骨神经痛、脉管炎、慢性附件炎等都有明显效果。治疗外科疾病有服药、敷药、烙法、普通手术等疗法。可以说维吾尔医药学已经成为中国医药学的一个重要组成部分。

三、宗教节日与饮食礼仪

（一）宗教节日

维吾尔族的节日，基本上都是与宗教有关的节日。其中主要有"肉孜节""库尔班节""冒路德节""都互节""萨拉哈特曼节""巴拉堤节"等。维吾尔族的节日大都来源于伊斯兰教，是用回历来计算的。每年都在移动，因此每个节日的日期也不固定。

"肉孜节"

封斋一个月后开斋的那一天举行盛大的活动，日出前和日落后的时候进食，白天禁止吃喝。斋期满后，节日的凌晨，教徒聚集在礼拜寺做盛大的礼拜，各家各户都准备丰盛的食物，每个人都身着盛装走亲访友，男女老少都到各种娱乐场所去游玩，一般开斋节都要持续三天。

"巴拉堤节"

又称"油葫芦"节，在封斋节前举行。节日那天，各家都将油葫芦拴在一根木杆上，点燃后任其落地，大家群起用脚踏碎此葫芦，表示消灾灭祸，宗教人士则通宵念经。

"古尔邦"

维吾尔族十分重视传统节日，尤其以过"古尔邦"节最为隆重。"古尔邦"是阿拉伯语，意为"献牲"，故"古尔邦节"也称"献牲节""忠孝节"。在肉孜节后的七十天举行。节日期间，家境稍好一点的家庭，都要宰一只羊，有的还宰牛、宰骆驼。宰杀的牲畜肉不能出卖，除将规定的部分送交寺院和宗教职业者外，剩余的用作招待客人和赠送亲友。

"库尔班节"

在"肉孜节"后的七天举行，在阿拉伯语中"库尔班"意为"牺牲"，是根据阿拉伯地区的宗教故事演变而来的。故事的内容是，穆斯林的先知易卜拉欣在一个晚上梦见真主"安拉",让他杀死自己的儿子伊斯玛献祭。醒后,他在执行"真主"的命令时,"安拉"又命天神送来一只绵羊代替易卜拉欣的儿子献祭。于是阿拉伯人根据这个故事,开始宰羊祭祀。7世纪初,穆罕默德创立了伊斯兰教后,继承了这一风俗,并将伊斯兰教历的12月10日定为"库尔班节"。在这个节日到来时,穆斯林信徒都要宰杀牛羊。被宰杀的牛羊肉是不能出卖的,其中一部分按规定送交清真寺和宗教人士,另外一些用来招待来客、赠送亲友。

"冒德路节"

又叫"圣纪节"。是为每年回历3月12日为纪念伊斯兰教创始人穆罕默德的诞生而举行的节日。这个节日多数是由清真寺主持,这天虔诚的穆斯林都会聚集在清真寺,听阿訇念经赞颂圣祖穆罕默德的功绩。

"努吾若孜节"

也叫"撒拉哈特曼节"。每年阴历春分日这一天,即阴历3月22日前后,要举行各种庆祝活动和传统的"麦西莱甫",预祝在新的一年里平安幸福、人丁兴旺、五谷丰登。

(二)饮食

说起新疆维吾尔族的饮食文化,也许你首先想到的是最有名的新疆羊肉串吧!的确,新疆盛产绵羊,由此维吾尔族便有了烤羊肉串的习俗,羊肉串讲究肉质鲜嫩,味咸辣,孜然味浓郁。如今,无论到哪一个城市,新疆羊肉串都是必不可少的。另外,手抓饭也是维吾尔族的传统风味食品。在新疆维吾尔、乌孜别克等民族地区,每到过年过节,婚丧娶嫁的日子里,都必备手抓饭待客。

他们的传统习惯是请客人围坐在桌子旁,上面铺上一块干净的餐巾。随后主人一手端盘,一手拿壶,让客人净手,并且递干净毛巾让客人擦干。然后主人端来几盘抓饭,放在餐巾上(习惯是二至三人一盘),请客人直接用手从盘中抓吃,因此取名为"抓饭"。维吾尔族抓饭的种类很多,花色品种也十分丰富。维吾尔族还有很多著名的风味菜肴和小吃，如帕尔木丁、薄皮包子、烤羊肉串等，此外还有：油馓子、银丝擀面、羊杂碎、曲连、烤南瓜、黄萝卜（胡萝卜）酱等。但维吾尔族最爱吃的还是烤全羊、馕、抓饭、烤包子、拌面等食品。

烤全羊，选用羯羊或两岁以内的肥羔羊为主要原料，宰杀后剥皮，去其内脏及蹄，用一根钉有大铁钉的特制木棍贯穿羊身，然后用精白面、盐水、鸡蛋、姜黄、胡椒粉、孜然粉等配料调制成的汁均匀地抹在羊全身，放在特制的馕坑中，盖口焖烤约一小时左右即熟，色泽黄亮，皮脆肉嫩。将烤好的羊头扎上红绸子，羊嘴里街上香菜，置于整羊之上，放入木盆端上宴席。色、香、味俱全的"烤全羊"是维吾尔族招待贵宾的佳肴。

烤羊肉串，是将上好鲜羊肉切成大小均匀的薄片，拌以葱头沫、黑胡椒，腌制约半小时，穿在铁签上，放在特制的烤炉上烤，并上下翻动。快熟时，再往羊肉串上撒以适量的辣椒面、孜然粉、精盐。其味咸辣、孜然香味扑鼻；其色呈焦黄、油亮。烤羊肉串时忌用明火。一般以优质无烟煤做燃料，烤肉时，点燃炭火，稍后待烟尽火旺时，再将羊肉串架在烤炉的槽上烘烤。

抓饭，是维吾尔族招待客人的美味食品。它用大米、羊肉、清油、洋葱、胡萝卜蒸煮而成。白里透黄，油亮喷香，硬软适度，咸甜味美。如果不用羊肉，改用葡萄干、杏干、桃皮，做出的抓饭叫"甜抓饭"；改用鸡丝，则为"鸡丝抓饭"。

维吾尔族的饮食习惯也和其他民族有着相近的地方。他们一日食三餐，早饭吃馕和各种瓜果酱、甜酱，喝奶茶、油茶等，午饭是各类主食，晚饭则多是馕、茶或汤面等，多以面食为主，喜欢牛、羊肉。主食的种类有数十种。最常吃的有馕、羊肉抓饭、包子、面条等。维吾尔族还喜欢饮茯茶、奶茶。

（三）待客礼仪

在这里不得不提的是维吾尔族的待客礼节，维吾尔族不仅是一个能歌善舞

维吾尔族

的民族，而且还是一个注重礼节、尊老爱幼的民族。礼节，已成为他们生活中的一个重要的组成部分。维吾尔族待客和做客都非常有讲究。如果来客人，要请客人坐在上席，摆上馕和各种糕点、冰糖等，夏天还要摆上一些瓜果，先给客人倒茶水或奶茶，等饭做好后再端上来，如果用抓饭待客，饭前要提一壶水，请客人洗手。吃完饭后，由长者领作"都瓦"，待主人收拾完食具，客人才能离席。吃饭时，客人不可随便拨弄盘中食物，不可随便到锅灶前去，一般不把食物剩在碗中，同时注意不让饭屑落地，如不慎落地，要拾起来放在自己跟前的"饭单"上。共盘吃抓饭时，不能将已抓起的饭粒再放进盘中。饭毕，如有长者领作"都瓦"，客人不能东张西望或立起。吃饭时长者坐在上席，全家共席而坐，饭前饭后必须洗手，洗后只能用手帕或布擦干，忌讳顺手甩水，认为那样不礼貌。

当遇到尊长或朋友时，维吾尔族人习惯于把右手按在前胸中央，然后身体前倾，连声问好。如果在夏季和秋季到农村维吾尔族家庭做客，淳朴、善良、好客的维吾尔族农民，会将各种水果摆在你的面前，让你尽情地享用。客人起身告辞时，热情的主人总要盛情地挽留客人住在家里。如果有客人住宿，总是拿出最好的被褥给客人用。维吾尔族家家户户都有备用的被褥。第二天清晨主人还要早起，为客人准备早点。

如果是贵客和远道而来的亲戚到家，有条件的维吾尔族家庭会宰羊热情款待客人，条件差一点的至少也要准备一只鸡，用丰盛的食物招待客人。吃饭时家里来了客人，就是客人已吃过饭，主人也要盛情邀请客人与他们一起共餐。了解了这么多维吾尔族的待客礼节，你是否对这个热情好客的民族有了更深的认识呢？

四、奇特的交通工具与美容

（一）交通运输

在如今的影视作品中，我们经常会看到一些剧组在白雪皑皑的天山脚下拍摄的武打片，片中的主人公仅靠着一身的轻功，便可以在一日内穿梭于天山及周围的小城镇之间，着实令人羡慕。而事实上，维吾尔族生活在我国天山以南的各绿洲，周围大多都是戈壁沙漠，因此交通运输成为人们日常生活中一大难题。

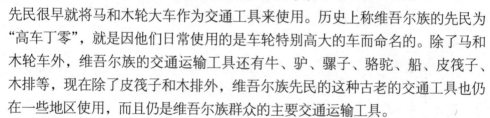

维吾尔族传统的交通运输工具主要有马、牛、骆驼、驴和各种木轮大车。据文献记载，维吾尔族先民很早就将马和木轮大车作为交通工具来使用。历史上称维吾尔族的先民为"高车丁零"，就是因他们日常使用的是车轮特别高大的车而命名的。除了马和木轮车外，维吾尔族的交通运输工具还有牛、驴、骡子、骆驼、船、皮筏子、木排等，现在除了皮筏子和木排外，维吾尔族先民的这种古老的交通工具也仍在一些地区使用，而且仍是维吾尔族群众的主要交通运输工具。

牛

维吾尔族最早是在农业生产中使用牛的，将牛用于拉犁耕地，以后逐渐发现牛也可以成为交通运输工具，用牛来拉车，用牛驮运，有时也用来乘骑。因此，牛车成了家家必备的交通工具。

骆驼

素有"沙漠之舟"之称的骆驼，也是维吾尔族古老的交通工具。维吾尔族很早以前就将骆驼用于长途运输，特别是沙漠地带的运输。过去将骆驼用于商队的运输比较普遍，骆驼商队中领头和收尾的骆驼脖子上一般系有铃铛，行走时响声不断，成为古丝绸之路上的一大奇观。

驴

驴在维吾尔族的交通运输中占据着重要的位置。由于驴饲养使用方便，因此在维吾尔族聚居的农村，驴被广泛作为交通运输工具来使用，几乎家家户户都有驴。在著名的"阿凡提的故事"中，主人公阿凡提也是骑着一头聪明的驴到处游走的。由于驴的普遍使用，维吾尔族群众中还有了专门用驴作为交通运输工具的职业——"驴脚夫"，维吾尔语称为"依夏克气"，从事这一职业的人，其役用的驴少则有八九头，多则有十几头，甚至有二三十头的。

木轮车

木轮车过去是维吾尔族的一种大型运输工具。根据制作车子的材料和车轮的形状分为"亚日亚（轻便木轮车）"车、"库太克（粗轮）"车和铁轮车三种；根据套车的牲畜分为马车、牛车、驴车三种。还有一种专门拉乘客用的轿车，维吾尔语称其为"买帕"，通常用一匹马拉，马身上的套具装饰得非常漂亮，马的脖子上还系有一串铜铃，过去这种车主要在城市和城郊行驶，供行人乘坐。

木船

维吾尔族不仅将木船作为捕鱼的工具，而且也作为一种交通工具来使用。这种船是将大块胡杨木用凿子挖凿成的，其实是一种独木舟，主要用于水上客运。有时也用于运输物，用作货运时，可将几只小船捆在一起使用。

另外，还有皮筏子、木排等水上交通工具，后来维吾尔族在将马、骡子、驴、骆驼等作为交通工具的同时，也逐渐发展了自己的运输业。

商队

维吾尔语称"卡尔瓦尼"，不管是骆驼、马还是骡子，少则由七八头，多则由十几头组成一个商队，主要是往返于沙漠地带从事商业贸易活动。

畜力租赁业

从事这一职业的人一般有二三头马或骡子、骆驼、驴，租给临时用牲畜的人，收取一点费用。

赶脚夫

维吾尔语称"克热开西"，是一种以车子、驴作为运输工具的长途运输业，主要用来运输各种物品。

20世纪40年代以后，胶轮木车逐渐开始在维吾尔族地区普及。现在在农村几乎家家户户都有一辆胶轮木车，成为广大农民群众主要的运输工具。但民间畜力交通运输因具有方便灵活、适应性强等特点，仍然发挥着不容忽视的作用。在现代化的交通工具十分普及的今天，胶轮木车、马、驴在乡镇农村和中小城市的交通运输方面发挥着重要的作用。

在维吾尔族群众集中生活的吐鲁番、托克逊、库车、喀什、莎车等南疆城市，在机械交通工具不足的情况下，装饰漂亮，富有浓郁地方特色的马车、毛驴车成为这些城市主要交通工具，这种土"巴士"，颇受维吾尔族群众和游客的青睐。

（二）奇特的美容特产

都说维吾尔族姑娘长得如花似月，美貌动人。的确，无论是在荧屏上还是在现实生活中，我们看到的维吾尔族姑娘长得都非常漂亮，这除了天生丽质外，还和她们所用的化妆品有密切的关系，维吾尔族妇女所用的化妆品并不是什么名牌产品，而是大自然所赐的，在商店里也买不到的"特产"。

在南疆的农村中，常见到维吾尔族妇女把眉毛描得很黑、很细、很长，甚至连眉宇之间也连结起来。远看，在一对水汪汪的大眼睛上面，有一条波纹似的黑眉，非常别致。特别是她们在讲话时，常用眉毛来表达感情。那么他们是用什么来画出的如此传神眉毛呢？据说她们描眉的原料是房前屋后种植的"奥斯曼"（板蓝、松蓝的根茎），具体方法是榨取板蓝根的汁，用细木棍缠上棉花蘸其汁描眉。用这种汁描眉，不仅效果好，而且可以保护眉毛，刺激眉毛的生长。维吾尔族小女孩们都从四五岁便开始描眉，等到她们成人之后，眉毛自然就非常动人了。她们还在"海纳古丽"盛开的季节，把花瓣捣成泥，抹在指甲上，放过数小时之后，艳红的颜色就印在指甲上，可以保持数天不变。这比我们用的指甲油要经济得多了。当然，吐鲁番的妇女还用一种名叫"托特库拉克古丽"的四瓣紫花，直接涂在脸蛋上，脸面两侧会立刻出现和谐的红润色。这种植物只有两寸多高，长到一寸多的时侯，便开花，从春季一直开到秋季，可保证有半年多的时间供妇女打扮。更有意思的是维吾尔族妇女用的一种"头油"，是沙枣树的胶，维吾尔语叫"依里穆"，平时，她们把这种树胶收集起来，每逢过节过年或是出门走亲访友时，总要把这种树胶掺水化成液体，用梳子或手涂在头发上，然后梳成小辫，等干了以后，辫子就变得又黑又亮，非常漂亮，并且可以将发型保持一个星期。

五、维吾尔族的建筑与禁忌

每个民族都有着它独特的民俗与风情，这不仅体现在民族饮食、民族服饰上，更多的还要从民居上来进一步了解这个民族。

维吾尔族是一个建筑特点非常突出的民族，民居住宅一般包括住房和庭院两个部分。住房大多为土木结构，墙面是用土块砌成的。每家都由卧室、厨房等四个部分组成，中等以上人家的住房，还有夏房和冬房之分。而比较富有的人家会有客房、库房和厕所，并且设有廊房，上面雕刻着花纹或绘有图案。房前屋后，一般都栽培着桃、杏、苹果、桑树等。最值得一提的是，维吾尔族民居的门前往往种植葡萄，架起凉棚，形成了一道独特的风景线。

维吾尔族人家的卧室一般都设在北边，屋内有睡炕、火炉、墙台，并设有壁炉。有些人家的墙壁上还有用石膏雕塑的壁龛，也许你会有这样的疑问，这是什么东西呢？了解维吾尔族的朋友可能都会知道，这是居民放置日用物品的地方，也是装饰家庭的艺术品。维吾尔族人喜欢在室内铺花毡，墙上挂壁毯、窗帘等装饰品，桌、椅、柜、橱等家具常选用有木刻装饰的，有的墙上还画有壁画。

维吾尔族人的居室，在材料运用、技术处理和建筑形式方面，都极具特色。屋顶可堆放杂物或晒制干果，夏季傍晚也可纳凉，晚间也有在屋顶睡觉的。随着生活的不断改善，居住条件也在改变，不少人家修筑了砖混结构的房屋并在房檐、廊柱、室内天棚上绘制、雕刻图案花纹，常见的有彩绘、石膏花、木雕、镂刻、贴花等。屋内的地面一般情况下都会铺砖或木板。睡炕则用土砌成，高低、长宽都要视房子的大小而定。住房前为庭院，由住房通向庭院一般都设外廊，这种外廊可以供居民在户外时休息、聊天。

室内摆设一般有挂毯（悬挂在墙壁）、地毯、花毡、包钢花木箱、彩绘衣柜、铜制沐浴器具。妇女们很会收拾和装饰自己的房

间，不少房间简直就像一座艺术宫殿，令客人们流连忘返，屋内常常会摆有妇女精心绣制、编制的装饰物，如窗帘、床罩、罩单等。上面均以美丽的几何图案、花卉图形、瓜果植物造型加以变形，做工精细，造型别致，具有浓郁的地方特色和艺术价值。随着生活水平的提高，不少人家还摆设了现代化的高档家具和用品，如两用沙发、转角沙发、电视机、电冰

箱、电风扇、收录机、洗衣机等，传统的"室内文化"渐渐地发生着变化。

　　维吾尔族人特别喜爱种花、养花，其历史已有一千多年。只要有院落，不论其大小，种花都是少不了的。屋内屋外，均摆有几盆甚至几十盆各类花卉。而且花的种类也极为丰富。如玫瑰花、月季花、鸡冠花、仙人掌、天竺葵、石榴花、海棠花等。其中也不乏名贵花种如牡丹、菊花、水仙花、君子兰等。每个院落几乎都种有葡萄、无花果树。春夏秋三季，坐在庭院里的树荫下乘凉，并感受着果实累累带来的快慰，真是令人心旷神怡。即使在严冬三九，盆花也仍然会竞相开放。

　　随着维吾尔城乡人民生活水平的提高，维吾尔族群众除保持原有的传统的民风格外，还吸取了现代民居的因素，住房由原来的土木结构改为砖石或混凝土结构，富裕人家盖起 3-4 层的小洋楼，室内讲究装修，也购置起了现代家具和各种家用电器。

　　除了了解维吾尔族民居外，我们更应该了解一下他们的家庭及日常生活，这样才能更全面的了解维吾尔族。

（一）家庭组织

　　维吾尔族的家庭组织，是以夫妻关系为基础的小家庭制，并且一般家庭都是直系亲属同居。亲属范围一般都比较狭窄，亲属称谓一般仅限于三代，而且只用于直系亲属。夫权占绝对统治地位，妇女在人格上依附于男子。丈夫是家长，可以主宰家中一切。

　　也许对于维吾尔族，你会有很多想要了解的，例如他们为什么会有那么长

的名字呢？是怎么取的名字呢？维吾尔人的名字一般都是由本名后面再加上父名组成，平时也可以单称。如阿不来提·阿克木，前是本名，后是父亲的名。维吾尔人取名多少都受到了伊斯兰教的影响，多采用阿拉伯语词和波斯语词。以教历、四季、花卉和某些动物命名的情况居多。维吾尔人取名时，也采用了部分现代词语，如阿扎提（解放）、艾尔肯（自由）、拜合提力克（幸福）等。

（二）起居

维吾尔族人非常讲究清洁，无论何时，屋内都非常干净，无灰尘，无积垢，摆设整齐，窗明几净，这是因为维吾尔族人有时间的话，会经常打扫屋子，使屋子干净整洁，来访的客人会因此而拥有一个好心情。男女老少还会经常沐浴，沐浴有大净小净之分。所谓大净，就是从头到脚，洗遍全身；小净主要是洗手、漱口、呛鼻、洗脸、洗肘、净下、洗脚。不论大小净，必须都用流动着的洁净的水，诸如河水、自来水、泉水等。饮食上也很讲究卫生，饭前或便后必须反复洗手。喝茶时必须将茶碗冲洗干净，才能倒茶。

维吾尔族人在闲暇时，常常会三五人聚集一起，讲述自己的所见所闻，以及听说的一些民间传说，世界奇闻、传统神话和故事等。他们的语言幽默风趣，表情滑稽，有时说唱兼行，妙趣横生，常常把人逗得捧腹大笑。除了三两个人聚会外，维吾尔人还喜欢赶巴扎，也就是我们常说的逛集市。喀什是新疆最繁华的商贸中心，维吾尔人常常会去那里变卖自己编织或刺绣的手工艺品，并购买一些自己所需的物品。一些外国游客也会来到这里购物，因此喀什巴扎比别的集市更加红火。每逢巴扎这一天，人流如潮，商品如山。即使不去那里买卖，

在巴扎上闲溜一圈，也是件有意思的事。可以说，维吾尔生活的乐趣莫过于"逛巴扎"。维吾尔男子有逛夜市的习惯，不少男子会在夜市逛上一圈，在那里美餐一顿，或者听一个有趣的故事，直到夜市打烊了，大家尽兴了，才纷纷离开。

（三）著名建筑

除了维吾尔族的民居外，还有
最具民族特色的维吾尔族建筑——
伊斯兰建筑。而这种建筑在维吾尔
族建筑中成就最大。伊斯兰教发源
于阿拉伯，10世纪时从陆路传入到
中国新疆，在维吾尔人中得到普

及，维吾尔伊斯兰建筑主要包括礼拜寺和圣者陵墓，造型方式与汉族建筑有很
大的不同。在维吾尔族的伊斯兰建筑中有几个最具典型性的建筑：喀什艾提卡
尔大清真寺、吐鲁番额敏寺和喀什阿巴和加陵。

1.吐鲁番额敏寺

吐鲁番额敏寺建于清代初年，在城南郊一片开阔台地上。每年慕名而来的
游客不计其数，全寺最引人注目的是紧贴寺的一角耸起的一座高大的砖塔，被
称为额敏塔。这座塔呈圆形，高达44米，下大上小，全部用砖砌成，轮廓通体
浑圆，非常朴素，塔顶有一座穹隆顶小亭，在简朴的塔身表面，十分精细地砌
着凹凸有致的砖花，呈环状分布，图案多达十余种，简练而自然。寺院正面立
着高大门墙，构图与一般礼拜寺相似，也是在正中间砌大龛周围砌小龛，只是
上面的一排小龛透空，龛内的阴影和露出的外面的天空，给它增加了一点灵气。
包括大塔和门墙在内，全寺都用同一种米黄色砖砌筑，十分朴素庄重。

2.喀什阿巴和加陵

阿巴和加陵的陵堂非常美丽，四围都是砖墙。平面中央的大空间为陵室，
平面方形，四面砌着大尖拱，在拱背四角砌转角拱合成八角形，墙面在此弧转
为圆形，在圆筒形的鼓座上接建大穹顶，顶尖再加穹顶小亭。大穹顶四面各接
出一个半穹顶，全部内部平面呈十字形。由于中央穹顶颇大，下面又以一段鼓
座将其抬高，所以从各个角度看去都得以充分显现。门墙在南面中央，呈竖高
矩形，高耸在四墙以上，又前突于南墙以外，形象突出，强调了入口。在门墙
正中开大尖拱，构图与阿提卡尔大寺的寺门差不多，但左右各立有一根塔柱，
柱形同于宣礼塔而很细。这样的门塔组合构图，在新疆各地礼拜寺寺门经常可见。

除了我们上面所说的建筑之外，新疆还有许多大大小小的礼拜寺。对于礼拜的习俗，他们至今仍然保持着。平时礼拜一般在自己的家里做，也有到清真寺去做的。每周五午后在清真寺举行一次集体礼拜。每年分别在肉孜节和古尔邦节举行两次会礼，并且在斋月的每个夜晚都要做礼拜。

在礼拜之前，人们必须沐浴，称为"大净"和"小净"。为什么在做礼拜前要进行"大净""小净"呢？根据宗教的说法人是污秽的，真主是圣洁的，做礼拜的人只有把身上洗净，才表示对真主的虔诚，真主才能接受其跪拜。许多维吾尔族人虽然不做礼拜，但保持了"大净"和"小净"的良好习惯。

在清真寺做礼拜是件严肃的事情，在进入大殿之前，必须脱鞋，不许有不雅的行为。参加礼拜的人必须面朝圣地麦加的方向跪在地毯或毡子上，由身着传统教服、头戴伊斯兰帽的伊玛目（教长）带领做站立、赞颂、鞠躬、叩头、跪坐等动作。然后聆听伊玛目宣讲教义。礼拜毕，大家相互问候之后，便可以离去。为了使信仰伊斯兰教的维吾尔族群众礼拜方便，除了喀什的艾提卡尔清真寺之外，在每个城市都有较大的清真寺。在城镇以及巷子中也有规模较小的清真寺。这些清真寺，主要是为教徒做礼拜方便。除此以外，在野外的戈壁滩或公路旁，也有用土墙围起来的清真寺，主要是给上路的人祈祷提供方便。

新疆信仰伊斯兰教的其他民族，例如哈萨克族、回族、塔塔尔族、乌孜别克族、柯尔克孜族等民族，都保持着他们的宗教礼俗，也都参加礼拜活动。

（四）宗教禁忌

维吾尔族有许多禁忌，这些禁忌随着他们信仰的宗教及长期的生活习惯而沿袭下来。

在饮食方面，他们不吃未经念经宰杀的牲畜，不吃自死的牲畜，不吃未放血的牲畜；另外还不吃猪、狗、驴、骡等家畜和禽类。在南疆的部分维吾尔族还禁食马肉。同时，对任何吃的东西不允许用脚踩，见到馕、饼干等食物掉在地上，要拣起来放在不易被踩到的地方；洗碗和涮锅的水不能倒在人们走路的地方，而要倒在墙旮旯儿或不易被人踩到的地方。

院落的大门禁朝西开，因为伊斯兰教的圣地在西边。但因地形所限，在无可奈何的情况下，也可例外。

在睡觉的时候，禁忌头朝东脚朝西。在屋内对坐的姿势也有要求，一般要求跪坐炕上或地毯上，禁忌双脚伸直，脚底朝人。接受礼物或接茶碗时，要双手接，单手接被认为是不礼貌的行为。吃饭时不能随便拨弄盘中的食物，挑来拣去；不能随便到锅灶前面，不要剩食在碗中，如果不慎将饭屑或馕渣弄到地上，要拣起来放在近前的餐布上，不要将抓起的饭粒再放在共用的饭盘之中；吃饭或交谈时，禁止吐痰、擤鼻涕、打哈欠、放屁等；在麻扎（墓地）和清真寺内，以及涝坝、水源和伙房等地，禁忌大小便、随地吐痰和携带脏的东西；晚辈不得在长辈面前吸烟、喝酒，口吐粗鲁、龌龊的语言。见了长辈要起立、让座，并施礼问候。

维吾尔族

六、华丽的民族服饰与婚俗

人类"衣食住行"的四大要素中，往往"衣"会被排在首位，可见其重要性。衣服，不仅是为了身体的保暖，而且还有很重要的美化作用。维吾尔族的服饰当然也不例外。维吾尔族的服饰不仅花样繁多，而且非常优美，富有特色。维吾尔族妇女喜用对比色彩，使红的更亮，绿的更翠。维吾尔族男性讲究黑白效果，这样更显其粗犷奔放的性格。维吾尔服饰形式清晰，纹饰多样，色彩鲜明，图案古朴，工艺精湛，其发展演变规律清楚，有些服饰款式与新疆出土衣物颇为相似，体现了一个地区、一种文化的历史沉淀。又具有鲜明的民族文化特色的审美接受范式，从中窥见民族服饰的传承性与地域性的习俗。

（一）服饰

一个民族最具代表性的莫过于服饰，因为服饰最能够体现这个民族的民族风情。维吾尔族的服饰可以说是千姿百态、绚丽多姿的，其服装的花色与款式有上百种，作为一个边疆少数民族，维吾尔族一直保持着独有的风格。

1.男性服饰

一般都比较喜欢穿较长、过膝、宽袖、无领、无扣大衣，腰上系宽长带，带中可以放馕及其他物品；内衣较短，多不开襟。中青年男子则偏爱穿花格衬衫，给人以充满活力之感。维吾尔族男子的衬衣多不开胸，长及膝部、臀部。年轻人及小孩的衬衣多缀花边。男子白衬衣喜欢长领边、前襟和开口处缀花边，穿着十分潇洒。

袷袢是维吾尔族的民族式男装，式样多以长外衣过膝，对襟、长袖过手指、无领、无纽扣，一拢腰巾束系，既紧身连体，又舒畅保暖。多用彩色条状绸作面料。其次是"拜合散"，它织造细密，衣质轻软，是缝制"袷袢"的好面料。老年人的衣物以黑色、深褐色等布料裁制，显得古朴大方。下身多著青色长裤，盖及脚面。男裤非常讲究，在裤角边饰花卉纹样，多以植物的茎、蔓、枝藤组成连续性纹饰，显得雅致美观。维吾尔族的裤子过去通常为大裆裤，样式比较简单，分单裤、夹裤、棉裤三种，主要用各种布料做成，也用羊皮、狗皮等制作。男裤通常比女裤短，裤角窄一点。

男子喜欢穿硬底皮鞋或中皮长筒靴。行走时，气度轩昂，挺拔有力。冬日，中老年人喜欢穿套鞋，即在皮鞋外再穿一双软质胶套鞋。男子们喜欢在臀部挂一把喀什小刀，平时切割肉食、瓜果十分方便，作为行头，也为维吾尔男子的豪爽增色不少。

2. 女性服饰

无论从色彩、样式到穿着，都远比男人们讲究复杂得多。首先，裙服是妇女必穿的传统服装。在喀什，不论春夏秋冬，妇女们普遍穿连衣裙或半截裙。腿上穿肉色或棕色的长筒袜。妇女衣着，不论老幼，颜色上追求艳丽，明快。即使六七十岁的老大娘也和年轻妇女一样，穿色泽艳丽的裙服，这和汉族妇女形成鲜明对比，汉族妇女穿衣的风格与款式都随着年龄的变化而变化，年龄越大，衣服的颜色就会越深。维吾尔族妇女在穿衣上十分讲究用料和色泽。她们很喜欢轻盈洒脱的乔其绒、乔其纱、柔姿纱、金丝绒、印花绒，这些面料以色泽的稳重沉静，飘摆的自如，为广大妇女们所青睐。她们很会用衬裙变换外裙的色彩：粉红色纱裙透出鲜红，淡黄色纱裙透出红、黄，翡翠绿或孔雀蓝。浓淡深浅，艳丽和谐，互相映衬，为衣裙平添了几分朦胧美。夏天，新婚妇女少不了要穿用艾得莱斯绸做成的连衣裙。艾得莱斯系维吾尔人用传统手工织成的丝绸，花纹图案酷似交错重叠的彩云，十分华美和艳丽。用它做成的裙子，飘逸俊美，姑娘少妇穿在身上，有如矗立在花丛中一般。

维吾尔族喜欢养花种花，而且喜欢将各种花卉图案绣在衣服上。维吾尔族妇女喜欢在衣服领口、胸前、袖口、肩、裤脚等处绣花。男子穿的服装上也绣有花纹，表现了维吾尔族浓郁的装饰美感。

维吾尔族妇女非常喜欢戴耳环、戒指、项链、胸针、手镯等。女孩子从五六岁甚至更早就开始扎耳眼，佩戴耳环。

每逢节日盛会、走亲访友，维吾尔族妇女就把绚丽多彩、斑斓夺目的首饰戴齐全，穿上鲜艳的衣裙，精心装饰打扮，更增无限风韵。这些风俗表达了维吾尔族妇女对美的追求。

3. 头饰

头饰是维吾尔族民风民俗的一个重要体现，维吾尔族以长发为美，妇女多喜欢留长辫。过去未婚少女多喜欢梳很多小辫，婚后改梳两条长辫子，但仍留刘海和在两腮处对称向前弯曲的鬓发。辫梢散开，头上喜欢别一新月形的梳子，作为装饰，也有把双辫盘结成发结的。

维吾尔妇女讲究戴头巾，几乎每个妇女都有各式各样的头巾。头巾的戴法也有一番讲究：春夏秋季，头巾以质软色艳为最佳。冬天，不少妇女则要披灰色或米色的羊毛大头巾，这既保暖又雍容华贵。中老年妇女喜欢在花帽之外披一方棕色有网眼的头巾，垂到腰间。一直以来因为受到宗教的约束，妇女普遍都蒙面纱。但随着社会的不断发展，妇女普遍参加了社会活动。除极少数农村和无工作妇女外，大多数妇女已告别了面纱。

4. 帽类

维吾尔族帽类及头饰种类很多，在维吾尔族服饰中最有特色。维吾尔族男女都喜欢戴帽子，因为戴帽不仅具有防寒或防暑的功能，更重要的是作为生活礼仪中的需要，社交、探亲、访友以及节日聚会等场合均需佩戴。维吾尔族的传统帽子主要有皮帽和花帽两大类。

皮帽主要用于御寒，大多用羊皮制作，也有狐皮、狸皮、兔皮、旱獭皮、海獭皮、貂皮等。主要有以下几种：

赛尔皮切吐玛克

该帽形状同白皮帽，但布料用平绒或丝绒制成，沿边较细。而用貂皮或其他兽皮作成的一般由中老年男性和宗教人士佩戴。

阿图什吐马克

帽面由黑色平绒或丝绒制成，形似钵形，较喀什吐马克浅，下沿的一圈毛边为旱獭或貂皮制成。

开木切特吐玛克

这种帽子沿边较宽，用海獭皮缝制，帽圈帽顶用黑色或咖啡色平绒、丝绒作面子，此帽子过去多为贵妇佩戴，现在多为老年人佩戴。

欧热吐玛克

该帽约高 30 公分，形状类梯形、柱形，分里外两层，以一般羊毛皮为里子，黑色羔皮作面，男女农民均戴，女帽主要由老年妇女戴。

库拉克恰

这是维吾尔族群众冬季常戴的皮帽，基本形状是圆形，两侧帽瓣较长，可以上下活动。库拉克恰的主要种类之一的羔皮库拉克恰，是较有特色的一种，用羔皮作成，色彩部分为黑色或灰色，它的两侧瓣不能翻下，只是一种装饰。

维吾尔花帽不仅选料精良，而且工艺精湛，制作小花帽的维吾尔工匠，都有一套"绝活"。花帽的图案与纹样千变万化，各不相同。花帽的样式、花纹与图案也与各地域环境的有关，各地的花帽都具有明显的地方特色。

巴旦姆花帽

是用巴旦姆杏核变形和添加花纹的一种图案，其纹样姿态丰富多样，多是黑底白花，维吾尔族男性老幼都喜欢戴这种花帽。

奇曼花帽

是常见的花帽，帽以米字为骨架，花枝叶交错，花纹以枝杆联结或线条分隔，成多个正反三角、菱形格局，帽面图案似地毯排列。

吐鲁番花帽

是吐鲁番、鄯善、托克逊地区流行的一种男女老幼都戴的花帽。其特点是花大底空小，而且颜色特别火红鲜艳，只有这一地区的老年人还戴这种艳丽夺目的花帽。

伊犁花帽

是流行在伊犁地区的一种大方、雅致，男女都可戴的花帽。它的花纹纤细、色彩柔和。五瓣花帽，维吾尔语称"白西塔拉多帕"。一般花帽是四瓣拼缝成的，而这种花帽比一般花帽多一瓣，并且纹样比较简单。

（二）婚俗

维吾尔族的婚俗是具有浓厚的民族特色的，提亲和定亲是维吾尔族婚俗中的一个重要环节。维吾尔族人实行一夫一妻制，在青年男女成亲之前，都要经过提亲和定亲仪式，反映了维吾尔族对婚姻的慎重。小伙子看上了谁家的姑娘，或是男方家长准备物色一位姑娘为儿媳时，事先都要履行"提亲"的手续。也有男女青年早已热恋，双方私下商定婚事后，再请家人去"提亲"，以达到双方关系公开化和合法化。

1. 提亲

一般来说，男方家长不能单独去提亲，而要请一位德高望重的长者陪同一起去，或是请亲属一起去。提亲时，男方要准备给姑娘一套质量较好的衣料、一些盐、方块糖和五个馕作为见面礼。礼品中的盐和馕都含有深刻的意义。男方向女方家提出攀亲的要求后，女方一般不马上答复，要和家人进行商量，并对男方家的情况进行调查和了解，如果同意，即答复男方，若不同意，也要通知男方。假若答应了这门亲事，则要把这门亲事公开，青年男女便可以来往，进行"合法"的恋爱，增进相互间的了解。维吾尔族把这种提亲的程序称为"拜西馕塔西拉西"（意思是试探）。提亲被同意后，紧接着就是准备彩礼和举行定亲仪式。

一般来说，女方家提供彩礼的清单，最后经过男女双方家长商量后来确定。按常规，男方家准备的彩礼有：姑娘的四季服装1-2套；还要有头巾、大衣、毛衣、鞋、袜和耳环、戒指、手镯、手表等装饰品。另外，还要给姑娘的父亲做一件大衣，母亲一件连衣裙，准备给姑娘的兄弟姐妹、妹夫、嫂子或弟媳的

衣料。家庭陈设的家具，也要男方承担。女方陪嫁的东西主要有：洗衣机、地毯、被褥、枕头、床单、桌布、窗帘等。由于双方的经济条件不同，彩礼和陪嫁的东西也有所不同。

2. 定亲

维吾尔语称为"穷恰依"。彩礼准备好后要选择吉日举行定亲仪式。这天男女双方各要请五十名左右的客人，其中女客占到80%以上，所以说定亲主要是妇女们的活动。定亲仪式在女方家举行。这天，男方要为女方家带去1—2只羊（经济条件好的也有带一头牛的），羊或牛是由专门的人牵去。羊头上要系上红绸带，女方家要给牵羊人赠送衬衣或其他礼品，以示谢意。这只羊当天宰杀，供待客用。同时还要带馕、茶

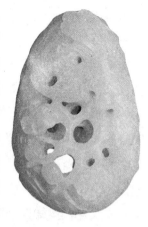

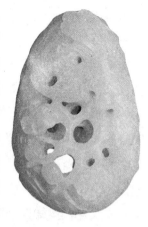

叶、冰糖、水果糖、方块糖、饼干、点心、大米、清油、面粉、洋葱、黄萝卜以及姑娘用的化妆品等。在定亲的仪式上，女方要做抓饭或是库尔达克来招待客人。

男方要在客人面前宣布给女方家的彩礼清单。宣布清单的人是专门聘请的，他以说唱的形式，向众人介绍每件彩礼的产地、质量、性能、规格等。同时在介绍每件彩礼时，还要把彩礼举起来，让大家过目。所以宣布清单的人也特别卖力。事后，男方家人还要赠给他一定数量的礼品。女方家陪嫁的东西，也要在当天展出，请人向大家介绍并过目每件嫁妆。同时，女方家也要给未来的女婿做一套衣服，并从头到脚"武装"起来。另外还得给亲家和亲家母各准备一套衣服的衣料。在城市的定亲仪式上，除了请大家美食一顿外，还要举行跳舞、唱歌等娱乐活动，以示庆贺。定亲仪式结束后，便商定迎亲的婚礼，维吾尔语称"穷托依"。双方商定吉日后，正式举行婚礼。

3. 婚礼

维吾尔族的婚礼习俗是在长期的生活过程中逐渐形成的。维吾尔族的婚礼比较隆重、热烈，充满着欢乐的气氛，具有浓郁的民族特色。婚典通常要举行两三天。举行婚礼的前一天，男方家将准备好的礼物送到女方家。结婚当天早晨，在女方家里举行证婚仪式。举行仪式时，男女两厢站定，由阿訇居中主持婚礼，念《古兰经》，然后问新郎和新娘，是否愿意结为夫妻，是否永远相爱而互不抛弃等，在得到肯定地回答后，阿訇将一块馕掰成两块，蘸上盐水分别送给新郎、新娘，当场吃下，表示同甘共苦、白头偕老。仪式结束后新郎回家做迎亲的准备。这天，新郎和新娘两家同时在各自的家中设喜宴招待宾客，新娘

维吾尔族

穿上漂亮的衣服，由伴娘及前来祝贺的朋友们陪同，集中在邻居家里。新娘坐在炕角的地毯上，女伴们在屋内有限的空间唱歌跳舞，尽情欢乐，等候迎亲新队伍的到来。新郎也由伴郎及前来道喜的朋友陪伴，集中在自己家的院子里和朋友们弹琴、唱歌跳舞、说笑，尽情地为婚礼助兴，并且耐心地等待着接亲时刻的来临。整个婚礼过程中，新娘及新郎的朋友们使婚礼沉浸在欢乐喜庆的气氛之中。下午，新娘穿上婚礼服，装扮得如花似玉，头蒙面纱在家等候迎亲队伍的到来。新郎穿戴一新，在亲友的簇拥下去女方家迎娶新娘，一路上小伙子们打起手鼓、吹着唢呐、弹着热瓦甫，兴高采烈地高唱"迎新娘"。这一天，当女方的亲友们得知迎亲队伍到来时，会把大门堵上，索要礼品才允许迎亲队伍进门。女方盛情招待前来迎亲的人们，人们在新娘家的院子里跳一会儿舞，以增添喜庆的气氛。离开女方家前，新娘要辞别父母，请父母为自己祝福，新娘的父亲会在众人面前为女儿祝福和祈祷。迎亲队伍返回时，一路上吹吹打打，热闹非常，欢快的乐曲声和口哨声吸引着大道上过往的行人。按传统习惯，迎亲队伍经过的路上，乡里乡亲可以"拦驾"，不让迎亲队伍通过，迎亲队伍向拦路者赠送礼物后，方可继续前进，这主要是为了使婚礼的喜庆气氛更加热烈。

按照习俗，新娘到婆家时，男方的大门前要点燃一堆驱魔除邪的神火，由一位客人钳一点火星在新娘头上绕三圈，新娘也绕火堆走一圈才能登堂入室，进入新房。有的男家从门前到新房的通道上，用毛毡、地毯铺地，表达对新娘的特别尊重和热烈欢迎。一系列程序过后，新郎的朋友及宾客就唱起喜歌，享用喜宴上的各式糕点和抓羊肉、抓饭，客人们吃得越多，主人越高兴。喜宴过后，大家打起手鼓，弹起都塔尔和热瓦甫，跳起欢快的舞蹈。新郎新娘会被邀请单独表演一段舞，气氛随之推向高潮。一个星期以后，新婚夫妇要带着礼物回门探亲，娘家为小两口准备甜酱和美味的抓饭，祝福新人。

中国民族（一）

七、著名的旅游胜地与名城

（一）乌鲁木齐

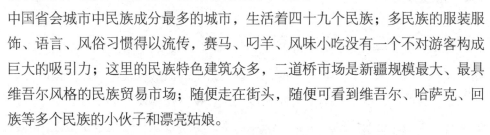

新疆的乌鲁木齐是大家并不陌生的一座城市，过去这里有遥远、神秘的草原，优美、辽阔的牧场，美丽、大方的姑娘，是外地人心目中的"特色城市"。

每天清晨，乌鲁木齐都是在阿訇的晨祷声中被唤醒的。这是一座民族风情浓郁的城市，她是中国省会城市中民族成分最多的城市，生活着四十九个民族；多民族的服装服饰、语言、风俗习惯得以流传，赛马、叼羊、风味小吃没有一个不对游客构成巨大的吸引力；这里的民族特色建筑众多，二道桥市场是新疆规模最大、最具维吾尔风格的民族贸易市场；随便走在街头，随便可看到维吾尔、哈萨克、回族等多个民族的小伙子和漂亮姑娘。

乌鲁木齐是一座现代化城市，高楼林立、马路笔直，高架桥穿行其中。乌鲁木齐是将民族的、历史的、现代的特色综合在一起的城市，如果说乌鲁木齐过去的特色已经消失了，那么一定是融合了现代气息的民族特色和地域文化正形成该市一种新的特色。

传统的维吾尔族音乐响在这座城市的角落里，在一个个豪华、高档的商场门前，吹奏、表演的可能就是维吾尔族最传统的吹鼓手。每到节假日，商家促销的主要节目不是现代的舞蹈和摇滚，而是传统民族音乐中表演的民族舞蹈。

外来的游客还是很容易看出这个城市的异域风情。汗腾格里清真寺、塔塔尔寺和领馆巷、南大寺、二道桥市场这些乌鲁木齐标志性的建筑和街道仍然存在。二道桥市场经过重建，比以前更加繁荣热闹，民族手工艺品和绚丽多彩的衣帽摆进了现代化的商场柜台，国际最新流行的名牌时装和最古老原始工艺制作的少数民族小刀、花帽都可以在同一家大型商场买到。街道两边商人的板车上堆满了巴旦木、葡萄干等各类干鲜果品。还有从俄罗斯进口的各种布匹、皮鞋、皮靴、胶鞋也全部平铺在地摊上。也可看到维吾尔艺人在街道卖艺的身影，一般为三个男人，两人手抱一把弹拨尔，边唱边打，歌者唱得很沉醉，双眼微闭，面朝上，两手娴熟地弹拨着乐器，打鼓的小伙子则不时用眼睛看着观众，唱的一般为这个古老绿洲流传千年的故事。

夜幕降临时，这个城市又弥漫着浓浓的烤肉香味，吆喝声弥漫在夜空，给人格外惬意的感觉。有人这样形容乌鲁木齐：世界上没有哪座城市比她更远离海洋，世界上没有哪座城市比她更善于兼容并蓄。从丝绸之路上骑着骆驼来的波斯商贾，到挑着扁担西进的天津杨柳青货郎，又到响应"西部大开发"号召的来自中国各地的青年，每一个走进乌鲁木齐的人，都给这座雪域边城抹上了一道独特的色彩。

（二）塔克拉玛干

塔克拉玛干——那是真正的死亡之海，因为在维吾尔语中，"塔克拉玛干"是"进去了出不来"的意思。从前，丝路古道上的商队在经过这片沙漠时，每个人吃一块西瓜，都会将瓜皮倒扣在沙漠里，以保持瓜皮中的水分。可千万别小看这一块倒扣过来的西瓜皮，这一点点水分也许会让一个在沙漠里迷路的人捡回一条命。南疆的维吾尔族人至今还保留着这种习惯。

塔克拉玛干沙漠位于南新疆塔里木盆地，当地人通常称它为"死亡之海"。整个沙漠东西长约1000余公里，南北宽约400多公里，总面积337600平方公里，是中国境内最大的沙漠，也是世界第十大沙漠，因此被称为"塔克拉玛干大沙漠"，也是全世界最大的流动沙漠。

塔克拉玛干沙漠在世界各大沙漠中，是最神秘、最具有诱惑力的一个。沙漠中心是典型大陆性气候，风沙强烈，温度变化大，全年降水少。沙丘类型复杂多样，复合型沙山和沙垄以及塔型沙丘群，呈各种蜂窝状、羽毛状、鱼鳞状沙丘，变幻莫测。沙漠有两座红白分明的高大沙丘，名为"圣墓山"，它是分别由红沙岩和白石膏组成，是沉积岩露出地面后形成的。"圣墓山"上的风蚀蘑菇，奇特壮观，高约五米。

塔克拉玛干沙漠，昼夜温差达到 40℃ 以上；平均年降水不超过 100 毫米，最低只有四五毫米。全年有三分之一是风沙日，大风风速每秒达 300 米。由于整个沙漠受西北和南北两个盛行风向的交叉影响，风沙活动十分频繁，流动沙丘占百分之 80% 以上。

白天，塔克拉玛干赤日炎炎，银沙刺眼，沙面温度有时高达七八十度，旺盛的蒸发，使地表景物飘忽不定，沙漠旅人常常会看到远方出现朦朦胧胧的"海市蜃楼"。沙漠四周，沿塔里木河、车尔臣河两岸，生长发育着密集的胡杨林和柽柳灌木，形成"沙海绿岛"。特别是纵贯沙漠的和阗河两岸，长生芦苇、胡杨等多种沙生野草，构成沙漠中的"绿色走廊"，"走廊"内流水潺潺，绿洲相连。林带中住着野兔、小鸟等动物，亦为"死亡之海"增添了一点生机。

由于地处欧亚大陆的中心，四面为高山环绕，塔克拉玛干沙漠充满了奇幻和神秘的色彩。变幻多样的沙漠形态，蒸发量高于降水量的干旱气候，以及尚存于沙漠中的湖泊，穿越沙海的绿洲，生存于沙漠中的野生动物和飞禽昆虫等，都被笼罩在神奇的迷雾之中，有待于我们去探寻与研究。

（三）乌鲁木齐天山天池

天山山脉全长 2500 公里，是塔里木盆地和准噶尔盆地的天然分界线。天池处于天山东段最高峰博格达峰的山腰，距乌鲁木齐约 110 公里，平面海拔 1928 米，是新疆有名的游览胜地。

天山天池风景区以高山湖泊为中心，雪峰倒映，碧水似镜，据说神话中西王母宴群仙的蟠桃盛会就设在此处。"天池"一名来自清代，取"天镜，神池"之意，以此来说明这里风光优美。

天山水是由高山溶雪汇集而成的，水深近百米，清纯怡人。每到盛夏，湖周绿草如茵，繁花似锦，即使是盛夏天气，湖水的温度也相当低，乘游艇在湖面上行驶，一阵阵凉风吹来，绝对是避暑的好地方。

天池背靠博格达峰，山峰终年积雪。站在天池边上，一眼望去，白雪皑皑，别有一番风味。天池四周的山腰上，有许多云杉林，是著名的风景树。清澈的湖水，皑皑的雪峰和葱茏挺拔的云松林，构成了天池的迷人景色。

说到天山，不得不提的是洁白无瑕的天山雪莲，雪莲是新疆的著名特产。早在清代，赵学敏著的《本草纲目拾遗》一书中就有"大寒之地积雪，春夏不散，雪间有草，类荷花独茎，婷婷雪间可爱"和"其地有天山，冬夏积雪，雪中有莲，以天山峰顶者为第一"的记载。雪莲，别名雪荷花，主要生长于天山南北坡，阿尔泰山及昆仑山雪线附近的悬崖峭壁之上。

雪莲为菊科草本植物，生在雪山深处。雪莲种子在零摄氏度可以发芽，3～5℃可以生长，幼苗能经受 -21℃ 的严寒。在生长期不到两个月的环境里，高度却能超过其他植物的 5～7 倍，它虽然要 5 年才能开花，但实际生长天数只有 8 个月。这在生物学上也是相当独特的。雪莲的种类繁多，如水母雪莲、毛头雪莲、西藏雪莲等。新疆雪莲，在《本草纲目拾遗》的记载中被视为正品。以天池一带的博格达峰的雪莲质量最佳，并且有神秘色彩。过去高山牧民在行路的途中如果遇到雪莲，就会被认为是吉祥如意的征兆，并以圣洁之物看待雪莲。相传，雪莲花是瑶池王母到天池洗澡时由仙女们撒下来的，对面海拔 5000 多米的雪峰则是一面漂亮的镜子。雪莲被视为神物，维吾尔族人认为饮过苞叶上的露珠水滴可以驱邪除病，延年益寿。

（四）火焰山

吴承恩的著名神话小说《西游记》，以唐僧师徒四人西天取经的故事而名闻天下。第五十九回和六十回写"唐三藏路阻火焰山，孙行者三调芭蕉扇"的故事，于是火焰山就被披上一层神秘的色彩，成了一座奇山。事实上，《西游记》中的火焰山并非虚构，而是存在于现实世界中。

火焰山位于新疆吐鲁番盆地的北缘，横卧于吐鲁番盆地中，全长 98 公里，南北宽 9 公里。古书中称它为"赤石山"，维吾尔语称"克孜勒塔格"（意为红山），由红色砂岩构成，东起鄯善县兰干流沙河，西至吐鲁番桃儿沟，形成一条赤色的巨龙。一般高度 500 米左右，海拔 831.7 米。火焰山是天山东部博格达山坡前山带短小的褶皱，形成于喜马拉雅山运动期间。山脉的雏形形成于距今 1.4 亿年前，基本地貌格局形成于距今 1.41 亿年前，经历了漫长的地质岁月，跨越了侏罗纪、白垩纪和第三纪几个地质年代。火焰山荒山秃岭，寸草不生，是全国最热的地方，夏季最高气温达 47.8 度，地表最高温度在 70℃以上。每当盛夏，红日当头，地气蒸腾，焰云缭绕，赭红色的山体形如飞腾的火龙，十分壮观。

维吾尔族

（五）魔鬼城

"魔鬼城"南据奇台县城约 11 公里，该城属于雅丹地貌成因，由于物理风化、剥蚀崩塌和间歇洪水的侵蚀切割，再加风力的不断雕琢，形成了各种各样的造型岩石。在大自然的鬼斧神工作用下，这里形成了一个梦幻般的迷宫世界——"布达拉宫""吴哥窟""罗马斗兽场"……古今中外的名山胜迹应有尽有；什么"石猴观海"、"大鹏展翅"……各种各样的造景地貌也是鬼斧神工，惟妙惟肖，置身于这样的魔鬼城，一定能使你的形象思维得到充分发挥。

（六）石头城

石头城位于干塔什库尔干塔吉克自治县城北侧，是新疆境内一处著名的古城遗址。城堡建在高丘上，形势极为险峻。城外建有多层或断或续的城垣，隔墙之间乱石成堆，构成独特的石头城风光。汉代时期，这里是西域三十六国之一的蒲犁国的王城；唐朝统一西域后，这里设置了葱岭守护所；元朝初期，人民大兴土木扩建城廓，使旧的石头城换了新颜；到了光绪二十八年，清廷在这里建立薄犁厅，对旧城进行了维修和增补。

（七）葡萄沟

迷人的葡萄沟，位于吐鲁番市东北 10 公里的火焰山中，是一条南北长约 7 公里、东西宽约 2 公里的峡谷。人工引来的天山雪水沿着沟渠而下，潺潺的流水声给葡萄沟增添了无限的活力。一眼望去，两面山坡上，梯田层层叠叠，葡萄园连成一片，犹如绿色的海洋。在这绿色的海洋中，有各种果树点缀着，如桃、杏、梨、桑、苹果、石榴、无花果……一幢幢农舍掩映在浓郁的林荫之中，别具特色。

苗　族

　　苗族是中国最古老的民族之一，也是中国最早定居的民族之一。苗族先民殷周时代已在今湖北清江流域和湖南洞庭湖一代生息。约在春秋战国时期，在巴蜀、夜郎以及荆州都有苗族先民活动。秦汉时，大部分苗族先民在武陵郡等地定居，小部分继续迁徙。嗣后，由于战争、饥饿、疾病、生育繁密、农田丢荒等原因而不断迁徙。

一、动人的民族传说

在远古，天地玄黄，宇宙洪荒。大地一片荒芜，只有无边的寂寥。

陆地上没有植物，天空中没有云彩。自由自在的风化为那白雾，浓浓的雾又幻化为丝丝悠云，云积成雨，雨落到地上生了根，变成一棵婀娜多姿的枫树。

不知道过了多久，枫树忍受着孤寂，日渐干枯，树叶凋零落去，而树心孕育出一只美丽的蝴蝶。蝴蝶飞舞在枫树周围，也渐渐地感到了寂寞。于是，飞舞的蝴蝶与一个水泡相恋了，生下十二个吉祥蛋，蝴蝶翩翩而去。

一只吉祥鸟飞来，受到感应想要孵化这些蛋。三年过去了，鸟儿羽翼散尽，筋疲力尽却未能成功。天上的大神看到了，说："不如归去吧，不如归去吧，这是地上的吉祥蛋，这是地上的生命蛋。"吉祥鸟却没有放弃，重新长出光洁的羽翼，继续孵蛋。就这样，日复一日，年复一年，过了整整九年，吉祥鸟终于孵化出了这些蛋，孵出姜央、雷公、老虎、水龙等十二个兄弟。

渐渐地，众兄弟长大了，个个想当大哥，人人争做老大。到底谁来住雷公坪？谁要离开？谁能领导大家？大家争论不休，商量着比武斗法，看谁能把屋内的人都叫到屋外，以此来决定谁当大哥。威风的老虎在屋外怒吼，结果大家都害怕极了，反而不敢出来；神通广大的雷公唤来风雨，扯来闪电，风雨中大家更是不敢动弹一下……老七姜央略施巧计，悄悄爬到了屋顶，点起一把火，把房子烧着了，大家惊恐之余纷纷跑出屋外。于是，姜央取得胜利，成为十二个兄弟的老大，繁衍后代，生生不息，终成为一支浪漫而坚毅的民族。

这个民族，就是"蝴蝶妈妈"的后裔——苗族。

苗族，是一个古老而神秘的民族。为什么苗族又称"三苗""猛""蒙"呢？"红苗""白苗""青苗""黑苗"又有什么区别呢？

这就要从苗族的族称来说起。苗族族称最早见于甲骨文中，苗族曾经自称"蒙""猛""卯"，这几个字在黔东南苗语中是枫树树心的意思，意指苗人为"蝴蝶妈妈"的子孙；也有些地区自称"嘎脑""果雄""带叟""答几"等，与古代乌氏族图腾有微妙的联系；在历史上，也曾根据服饰、居住地等不同，在"苗"字前冠以不同的名字以示区分，这就产生了"长裙苗""短裙

苗""红苗""白苗""青苗""花苗"等称谓。唐代以前，曾有过"三苗""荆蛮""南蛮""五陵蛮"等称呼，但这些称谓是含混的。正如我们所了解的，"蛮"是中原居民对当时几个南方少数民族的统称。直到宋代以后，苗才从若干混称的"蛮"中脱离出来，作为单一的民族名称。新中国成立后，统称为苗族。

"花苗"作为苗族的一个支系称呼，实际上是针对其服饰多花饰这一特征而言，它所包括的不是同一个支系，而是一个很广泛的支系称谓。在今天分布东至福泉、贵定，西至川南、云南的广大地区，每一县均有一支被当地其他民族称为"花苗"的支系，这些支系因各地不同可能属于不同的支系群体。"青苗"也是一个对各地穿青色服装的苗族群体的称呼，他们不一定是同一个支系。在今贵定以西至川南、云南，"青苗"是一个重要的苗族支系群体。在云南，"青苗"自称"蒙斯""蒙格令查"，意为穿青色衣、穿青色裙子的苗族。"白苗"不是同一支系，而是所有穿白衣的苗族构成的群体。在贵定、龙里、黔西、清镇、罗甸、紫云、大方、毕节、纳雍、威宁和川南以及云南彝良、富宁、马关、宁南、文山和广西隆林、西林均有穿白衣而被称为"白苗"的苗族支系。云南"白苗"支系的苗族自称为"蒙豆""蒙格勒"，意为穿白衣、穿白裙子的苗族。"西苗"的称呼来源与"东苗"相同，而且史书记述常把它与"东苗"连在一起。今在凯里、黄平、贵定、麻江等县仍有"西苗"生活，他们自称"古苗"。这些是苗族的主要支系，此外，还有黑苗、红苗、夭苗、平伐苗、紫姜苗等。

如今，苗族主要集中生活在贵州、湖南、云南、湖北、海南、广西等省（自治区），人口约900万。族民大多居住在一起，在黔东南和湘鄂川黔的交界地带（以湘西为主），有较大的聚居区，在广西大苗山、滇黔桂和川黔滇交界地带和海南也有小聚居区，由于多次的迁徙，一些地方的苗族则与其他各民族杂居，比较分散。在聚居区，苗族村寨少则几户、十几户，多则百户、千户，各地居住环境差别较大，多为山坡或较平坦的山脚，也有高寒山区。地理环境决定了这些地区以农业为主、狩猎为辅的生产方式，形成了独特的居住与饮食习惯，也塑造了苗族人浪漫而坚毅的民族特色。

每一个民族都有它独特的历史渊源与发展脉络，褪去神话的神秘面纱，透过苗族古歌与史诗中的记载，苗族的族源和远古时代的"三苗""南蛮"有着密切的关系。距今五千多年前，在我国长江中下游和黄河下游一带，古人在这片土地上艰苦劳作，经过世世代代的生息繁衍，逐渐形成一个部落联盟，叫做"九黎"。九黎部落日渐发展，实力日益强大，后来在战争中败给了黄帝部落，但实力仍在。到尧、舜、禹时期，又形成了新的部落联盟，即史书上所说的"三苗"。到商、周时期，"三苗"的主体部分仍在长江中游地区，并与其他几个少数民族一起被称为"荆楚""南蛮"。后来，这一地区的经济日渐昌盛，居民聚集劳作，这些苗族先人创立了春秋、战国时期的一个大国：楚国，这些人也就是楚国国民。因此，有人认为伟大的爱国诗人屈原是苗族人，这并无定论，但我们不难看出"九黎""三苗""南蛮"之间有着一脉相承的渊源关系，而且这些称呼里都包括苗族的先民。

同很多民族一样，苗族也经历了以树叶为裙以巢为家的原始社会，土司制度由兴盛走向衰败、封建领主制度的日渐消亡，经历了多次迁徙与动乱。根据苗族古歌与苗族史书记载，对苗族影响较大的有五次大迁徙。

第一次大迁徙，约在几万年以前的原始社会初期。苗族先民从其发源地，即今四川一带，沿长江向东迁徙到长江中游的南北两岸，这是苗族首

中国民族（一）

156

次由西向东的大迁徙。

第二次大迁徙，方向由南向北，时间约在远古到黄帝时期。经过第一次迁移，苗族先人在长江中游居住很久，之后经济逐步发展，人口繁衍增多，成为一个部落，即上文中提到的"九黎"。部落与南方的炎帝部落发生矛盾，打败了炎帝部落，一部分族民追逐炎帝族直达黄河北岸。这部分苗族先民在黄河中游又生活了很多年，九黎族的势力越

来越强大。这时，九黎部落诞生了一个英雄人物：蚩尤，他聪明好斗，骁勇善战，后来成了九黎族的首领，并与黄河上游的黄帝族发生冲突。战争初期，黄帝九战九败，后来皇帝联合炎帝族等，与蚩尤大战于涿鹿之野，结果蚩尤战败，九黎部落被迫由南向北迁徙。

第三次大迁徙，是由北向南的迁徙，时间大约在黄帝到唐尧期间。蚩尤战斗失败以后，九黎族分散开来，大致形成三个部属。一部分在北方建立了黎国；一部分被俘成了奴隶，后来与汉族相融合；一大部分经过长途跋涉，退回到南方，建立起三苗部落联盟。这次大迁徙，主要是指退回到南方的这一支苗族。

第四次大迁徙，时间大约在虞舜——夏禹时期。生活在南方的三苗部落联盟经过一段时间的休养生息，渐渐复兴，对统治者造成了威胁。到舜即位后，马上实行"分北三苗"——共工部迁徙到幽州，欢兜部迁徙到崇山，三苗部迁徙到三危。曾经强大一时的三苗部落联盟从此分化瓦解。

第五次大迁徙，是苗族的三支从不同的路径回归的过程，大约发生在周到宋朝时期。其中，被逐到三危的三苗部属，是这三支中力量最强的一支，但在长途跋涉中力量逐渐削弱。从三危山出来，经过大雪山、渡过黄河，朝着南风吹来的方向一步步迁移，沿金沙江到川南、滇东北和黔西北，结束了这次"长征"，这一支的迁徙方向是由北向南。被放逐到崇山的一支，是近距离的迁移，由崇山往东，最后达到今湘西、黔东北、川东南和鄂西南一带。这支苗人迁徙的方向是先向东、后向西。往东迁徙的一支，也没有在东海岸边长久定居，而是慢慢离开海边，逐步往西归迁。他们中间有的人（约在四千年前后）可能渡

海去了日本，今天日本有的地方有许多与中国黔东苗族相似甚至相同的文化现象，说明苗族的一支有可能是在这次迁徙中渡海到日本的。这支苗人的迁徙方向，大体是由东向西。

苗族的历史在一次次的迁徙中发展起来，苗族人民在一次次的迁徙中逐渐团结到一起，到宋代前后，绝大部分苗人都先后到现在的居住地域定居。历史上，这支蝴蝶后裔的迁徙，经历了很多地方，历尽了千辛万苦，直到19世纪才定居下来，最终形成了今天的居住格局。

二、神秘的巫蛊宗教与信仰

苗族传统社会相信鬼神的存在，一度盛行巫术，在宗教上信仰万物有其"灵魂"，主要信仰有自然崇拜、祖先崇拜、图腾崇拜等原始的宗教形式。随着外来民族的潜移默化，也有一些苗族信仰基督教、天主教，但数量极少。与汉族不同的是，苗族信仰佛教、道教的极少。这种独特的宗教信仰和巫蛊文化，渗透了苗族人的方方面面，也给苗族蒙上了一层神秘的面纱。透过面纱，展现在我们面前的是一个光怪陆离的宗教世界。

苗家对于自然界的崇拜，主要表现在对于自然物、自然现象的崇拜，比较典型的有对巨石、大树、岩洞进行顶礼膜拜，认为它们是有灵性的，因此供奉祭祀求得庇佑。在一些苗家村寨，族人认为有些难以解释的自然现象是"精怪"在作怪，如两蛇交尾、母鸡啼鸣等。他们怀着对鬼神的敬畏，认为这些现象都是有神性或者鬼性的。在苗语里，神鬼往往不分，但根据人们的情感区分，则有恶鬼和善鬼之别。恶鬼指那些给人类带来瘟疫和灾难的鬼，如东方鬼、西方鬼、吊死鬼、母猪鬼等；善鬼则有一定的神性，一般对人类是有益处的，如山神、风神、雷神、月亮神、太阳神等。对于图腾的崇拜，不同的苗族居住区也不尽相同。东部地区许多苗族与瑶族共同崇拜盘瓠（一种神犬），他们世代传说着"神母犬父"的故事，把盘瓠视为自己的始祖，作为图腾崇拜。中部地区一些苗族认为他们的始祖姜央起源于枫树的树心，因而把枫树视为图腾。另外还有一些地区的苗族以水牛、竹子等作为自己的图腾崇拜对象。除了自然崇拜与图腾崇拜，祖先崇拜在苗族社会中也占有十分重要的位置。苗族人认为祖先的肉身虽然死去，其灵魂却是不会消失的，永远与子孙同在，因此逢年过节必以酒肉供奉，祭祀先人，甚至日常饮食也要随时敬奉祖先。不管是住草房、瓦房都要设神位

祭祀祖宗，每逢节庆，燃香点灯烧纸钱。苗族祭祀祖先的节日，主要有七月十五的祭祖节、春节等。祭献时，十分虔诚，在湘西有"敲棒棒猪""椎牛祭祖"，黔东南有"吃牯脏"，黔中地区叫"敲巴郎"，这些都是对于祖先的祭祀活动。

与其他少数民族不同的是，苗族的宗教向来与巫术不分家，充满了浓郁的巫蛊色彩，多数苗人虔信巫术。苗族主要的巫术活动有神明裁判、祭鬼、过阴、占卜，此外还有蛊术等。这些巫术活动不是人人可以做的，而是由非职业化的巫师主持，这些巫师在各种原生性崇拜和巫术活动中起着主持人的角色。有时候，巫师还兼任苗家山寨的领袖人物——寨老。巫师除了要掌握祭祀方法带领族人祭祀祖先外，大多还有史官的作用，可以详细讲述本支系的谱系、本民族重大历史事件和迁徙来源的路线，熟悉各种神话传说、歌谣和民间故事，有的巫师还兼有歌师和舞师的职能。在某种意义上，巫师是苗族传统文化的传播者，在苗族社会中担任知识分子的角色，对苗族文化的传承起着重大作用。此外，有些巫师还掌握一定的医理，懂得一些草药医术，在为人驱鬼的同时辅以科学的医药手段。

蛊术，是苗族巫蛊文化的重要组成部分，有黑巫术和白巫术之分，其中下蛊属于黑巫术，赶尸则属于白巫术。下蛊和赶尸，都属于苗族非物质文化遗产，也频频出现在各种影视及文学作品中。

在苗家，有关下蛊的传说很多。蛊在苗族地区俗称"草鬼"，相传它寄附于女子身上，危害他人，那些所谓有蛊的妇女，被称为"草鬼婆"。相传，过去苗族妇女惩罚负心男子的方法就是下蛊。旧时，苗族男子常年在外谋生，夫妻两地分居，妻子怕他变心，便将一百只毒虫装入土罐里，由它们在里边自相残杀，最后胜出者就是所谓的"蛊"，这只虫子毒性最强。女人用自己的血喂它，"蛊"的神奇之处，在于传说中下蛊者与蛊种已经心性相通。丈夫离家之前，将这只蛊下到他身上，只要他变心，蛊就会发作，男人就会惨痛无比，而解药只有那个下蛊的女人才有。苗族人"谈蛊色变"，尤其是在婚姻上最忌讳。儿女要成亲的话，双方父母都要暗地里对对方进行严格审查（俗称"清针线"），看其家庭成员及比较近的亲戚干净与否，即有没有蛊。如果发现对方有不干净的嫌疑，就借口婉言拒绝。有苗族学者调查后认为，苗族几乎全民族笃信蛊，只是各地轻重不同而已。他们认为除一些突发症外，一些较难治的长期咳嗽、咯血、面色青黑而形体消瘦等，以及内脏不适、肠鸣腹胀、食欲不振等症状为主的慢性疾病，都有可能是中了蛊。属于突发性的疾病，可用"喊寨"的方式让怀疑的放蛊者感到害怕，自行将蛊收回就好了；属于慢性病患者，就要请巫师作法"驱毒"了。至于蛊到底是什么样子，除了代代相传的说法，谁也没有见过，更没有任何科学根据，放蛊之术历来都是被严厉禁止的。

赶尸，是一种传说中的法术。赶尸是一种职业，由特定的职业赶尸人——赶尸匠来完成。他们一般身强体壮，长相凶恶，赶尸时身穿道袍，摇动摄魂铃，趁夜间工作。赶尸曾经风行湘西苗疆，这与当地一些风俗是分不开的。传说在上古时期,九黎部落与黄帝部落征战。蚩尤和黄帝大战于涿漉,蚩尤战败后士卒死伤惨重。蚩尤十分悲痛，便与大巫师商量如何处理，他要将死去的将士运回故土，妥善安葬。于是大巫师施展法力，念动咒语，让死尸自行站立起来，然后用绳索将尸体串起来，摇动着赶尸铃，将尸体赶回了家乡。根据相关文献记录，赶尸匠被人称为"老司"，他们同普通人一样"日出而作，日落而息"。只有在接到赶尸的委托时，他们才做好一切准备，前去赶尸。老司的穿着也十分特别，不管三伏天还是寒冬腊月，都要穿着一双草鞋，身上穿一身青布长衫，腰间系一黑色腰带，头上戴一顶青布帽，腰包藏着一包符。老司从来不在尸体后面，而是在尸体前面带路行走，不能打灯笼，手中不断地摇着摄魂铃。有的带着徒弟，要一面走一面敲锣，敲锣并不是为了震慑死者，而是为了使夜行人避开，警告有狗的人家把狗关起来。如果要赶的尸体有多个时，就要用草绳把他们串起来，大约每隔六七尺一个。夜里行走时，尸体都带着高筒毡帽，额上压着几张符垂在脸上。赶尸是一项艰苦的工作，由于路途遥远，沿途上还设有"死尸客店"，这种神秘莫测的店，只住死尸和赶尸匠，一般人是不住的。而这种客店，也只

苗族

有在湘西才能见到。它的大门一年到头都开着，因为两扇大门板后面，是尸体停歇之处。赶尸匠赶着尸体，天亮前就达到"死尸店"，夜晚悄然离去。遇上大雨天不好走，就在店里停上几天几夜，直到天气好转，再把尸体运送到家乡。当然，所谓赶尸还是由活人背着尸体或死者部分肢体的运尸过程，"法术"不过是掩盖其真相的手段。在某种意义上说，赶尸是苗族传统故土观念的一种深刻体现，也是苗人鬼神观念的产物。

　　苗族的宗教是一种朴素的原始宗教，信仰源远流长、历史悠久,对我们现在理解苗族先民们的思想和生活有很大帮助。

三、多彩的民族服装与银饰

要了解一个民族，首先要了解这个民族的民族服饰。这是因为服饰最能体现一个民族的民族风情，最能反映一个民族的审美情趣，也是认识这个民族的"最好史料"。苗族服饰千姿百态，绚丽多彩，素有苗族"好五色衣裳"的记载。试问有哪个民族的衣服有 130 种之多？有哪个民族的银饰比苗家更精致更闪亮？

还有哪个民族的女子比苗家女一身银装更别致？一次次的迁徙，一次次的长途跋涉，就像蒲公英的种子一样，无论被风吹向何方，无论散落到哪里，苗族人总能靠服饰分辨出自己的族群。她们的心灵手巧反映在一件件的美丽霓裳之上，随手剪下天上的彩霞织成五彩的衣裳，摘下闪闪的星辰打成璀璨的银饰。他们头上的发簪千姿百态，上衣的图案千变万化，裙子式样有的长裙曳地，有的轻短俏皮，身上的银饰琳琅满目，堪称中华民族服装之最。若是苗族姑娘同时穿起盛装，带起银饰，就如同一场最时尚、最风情的民族时装秀，令整个星空都黯然失色。

苗族服饰作为苗族形象的标志之一，一直保持了自己的独特风格，也是苗族非物质文化遗产之一。苗族服饰一般均有性别、年龄、盛装与便装之别，男女差别较大，女装的基本特点是：苗族女子多穿上衣、下面是裙装或裤装，配件繁多，有各种花纹。平日的生活中为了方便多着便装，一般是在头上包一方头帕，上身大襟短衣，下身着长裤，镶绣花边，系一幅绣花围腰，再加少许精致银饰衬托。苗族男子的衣饰较为简单：也喜欢带一方头帕，身穿对襟衣，上衣多短小但袖子较长，裤装简短而肥大，另外还多爱用青色的布来裹脚。男子的头帕有青帕和花帕两种，帕长一丈以上，有多至三丈的。缠戴时多成斜十字形，像斗笠一般大小，衣服的颜色有花格、纯青、纯蓝等，其中以花格布衣最有特色。苗族穿衣喜欢繁复，有一些家庭较富有的青年男子，有时穿衣多到七件。衣服一般有七对纽扣，最外层的衣服只扣最下边的一对纽扣，第二层衣服

苗族

扣下面两对纽扣……以此类推，一直到扣完最里层的七对纽扣为止。这样，层层衣服全能由外看出，别有一种情趣。苗家女子成婚时，按照传统身上的衣服也是层层叠叠，上衣四件，下衣四件，甚至袜子也要穿四件，取成双成对之意。由于历史条件、经济状况、自然环境、生活习惯和审美情趣等原因，就算同是苗族，各地服饰也有较大的差异。苗族服饰究竟有多少种？清代《黔苗图说》曾画过八十二种，我国一些民族学者对此曾作过一些调查，有的说几十种，有的说百余种，众说纷纭。这些说法虽无定论，但在一些程度上反映了苗族服饰的复杂性。按照地域的划分，苗族服饰大致上可以分为五种类型。

湘西型。湘西苗家女子喜着圆领大襟宽袖上衣和阔脚裤，喜欢在衣服上用折枝花鸟图案作为装饰。在很长一段时间里，这一带的女子多穿红裙，近百年来才改穿裤装。

黔东型。女装多为大领，上衣分右衽半体衣和对襟无扣衣，下身多穿百褶裙。裙子长短各地又有所不同，不同年龄也有区别。衣服上的装饰图案以变形动植物和合体图案为主。每逢重大节日期间，这一地区的女子多佩戴大量银饰，盛装打扮。

川黔滇型。这一地区女子服装多为大襟或对襟衣，蜡染百褶裙，衣服多用几何纹图案作为装饰。这一地区的衣服较为朴素，多以麻布为料，盛装时银饰也相对较少。

黔中南型。这一地区的服装兼有黔东型和川黔滇型的特点。女装款式复杂，以着大领对襟上衣、百褶裙较为普遍，其中，上衣多附带一些配件。这一地区在衣饰用料、色调和风格上与黔东型有些类似。

海南型。这一地区的女装与汉族的连衣裙很相似，上衣大多为右偏襟单衣，长达膝盖，在单衣里面会套穿一件蜡染短裙，花饰较少，也很少佩戴各种银饰。???　男子服装相对来说要简单得多，除黔西北、滇东北喜穿大花披肩的麻布衫外，各地区多为对襟衣或大襟长衫、长裤，包头帕，扎绑腿。参加重大节日活动时，也有男子穿花衣

彩裙盛装打扮的。

在苗族的民族服饰里，银饰不仅仅是作为一种修饰，而且是与服装同等重要的一项。苗族女性饰银，以其多样的品种，奇美的造型和精巧的工艺，向人们呈现了一个瑰丽多彩的艺术世界，也展现出了一个

有着丰富内涵的精神世界。苗族银饰种类繁多，从头饰到脚饰，无一不备。苗银不仅可以避邪，还能祛除人体毒素，所以真正的苗银是略带黑色的，这说明它存放的时间长，价值也就越高。苗族人对银制品的偏爱无与伦比，她们不惜重金打造银饰，每逢重大节日，苗族姑娘们便装饰一新，银光闪烁，别有风韵。喜戴银饰是苗族姑娘的天性，她们挽发髻于头顶，戴上制作精美的银花冠，花冠前方插有六根高低不齐的银翘翅，上面大都打制着二龙戏珠图案。有的地区，银冠上除插银片外，还插高约一米的银牛角，角尖系彩飘，更显的高贵富丽。银冠下沿，圈挂银花带，下垂一排小银花坠，脖子上戴的银项圈有好几层，多以银片打制花和小银环连套而成。前胸戴银锁和银压领，胸前、背后戴的是银披风，下垂许多小银铃。苗家银饰的工艺，华丽考究、巧夺天工，充分显示了苗族人民的智慧和才能。苗家女子的耳环、手镯都是银制品，只有两只衣袖才呈现出以火红色为主基调的刺绣，但袖口还镶嵌着一圈较宽的银饰。苗家姑娘盛装的服饰常常有数公斤重，有的是几代人积累继承下来的，素有"花衣银装赛天仙"的美称。

除银饰外，还有作为主要装饰手段的刺绣、蜡染等制作工艺，代代相传，不断得到丰富和发展，达到了很高的艺术水平。苗家姑娘的裙子叫百褶裙，实际上一条裙子上的褶并不是一百道，而是有五百多道，而且层数很多，有的多达三四十层。这些裙子从纺织布料到漂染颜色到缝制成衣，一直到最后刺绣描花，都是姑娘们自己独立完成，再加上亲手刺绣的花腰带，花胸兜，真是美艳绝伦，让人赞叹。在苗族，女子从六七岁起就学习纺织、刺绣和蜡染，随着年龄的增长，工艺技巧日臻娴熟，到青年时期已成为描龙画凤的能手。苗家女子的刺绣主题与生活环境有很大关系，居住地近水者多绣鱼虾，常年生活在山中的多描花鸟，源于生活的广泛题材在她们的手中得到生动体现。苗族的刺绣工

苗

族

艺精妙非常，运用较多的有平绣、挑花等技术。蜡染是我国古老的民间印染工艺之一，宋代以后，蜡染工艺在中原地区已逐渐衰落，但在南方一些少数民族中却保存下来，苗族至今仍是广泛使用蜡染的民族之一。苗疆各地蜡染风格也各不相同，贵州黄平蜡染工整绮丽，丹寨蜡染奇巧豪健，安顺的多色蜡染典雅华丽，四川叙永蜡染流畅精美。

　　这些服饰并不仅仅是生活必备品，已经形成了苗族独特的文化、苗族人民对自己服装的起源、款式、纷繁复杂的头饰和服装的各种配件等均赋予深刻的含义，寄托着他们美好的理想与追求。或颂扬勤劳勇敢，或表现五谷丰登，或反映历史传说，或象征幸福爱情，这些美丽的霓裳与银饰构成一幅幅情趣盎然的动人画卷。从中，人们可以看到苗族的远古遗风，看到苗族在历史上迁徙和发展的轨迹，看到苗族风情的民族时尚。

四、繁多的苗族节日与庆典

作为中国较早定居下来的少数民族之一，苗族自古讲究礼仪，尊重传统。说苗乡是一个文明之乡，尤其体现在苗族的节日庆典上，依然保持着古朴灿烂的中国传统文化。节日里的苗族人盛装打扮，跳起动人的民族舞蹈，唱起那优美的民谣，欢度节庆。这时，无论你进入哪一乡苗寨，呈现在你面前的，都是一张张微笑的脸庞，一个个舞动的身影，一场场精彩绝伦的视觉盛宴。

苗族的传统节庆繁多，其中以过苗年最为隆重，这是苗家人最重要的节日。与汉族的一年四季有所不同，苗族人认为一年只有冷、热两个季节，二者以四月、十月为界限相互交替。这样，十月既是热季的结束、冷季的开始，也是旧年的结束、新年的开始。在民间有多种关于苗年的来历传说：一种说法是为了纪念始祖母"密洛陀"生日才将这个时间定为苗年，二说是为纪念瑶王蓝陆射落多余的太阳，拯救瑶民的功绩，三说是纪念为引进谷种而献身的民族英雄卡亨的忌日。苗年相当于汉族的春节，苗族人民自称过年为"吃年"，意思是说"年"被大家吃掉了，过去了。在过年期间大家尽情享乐，"吃年"过去后，就开始忙碌着进行春耕。苗族分布较广，"吃年"时间不同，有的在十月，有的在冬月，有的在正月。比较独特的是雷公山一带的苗族，"吃年"分三次过，九月吃初年，十月吃中年，冬月吃完年（又称放牛年）。过苗年一般选在正月第一个卯日，各项活动一般连续庆祝十二天。年前，各家各户都要预备丰盛的年节食物，除杀猪、宰羊（牛）外，还要备足糯米酒。苗族年饭丰盛，讲究"七色皆备""五味俱全"，并用一年中最好的糯米打"年粑"，互相宴请馈赠。节日的早晨，人们将做好的美味佳肴端出来，摆在火塘边的灶上祭祖，成年男女跳起踩堂舞。到了夜晚，村寨中响起欢快的铜鼓声，邻近村寨的男青年们手提马灯，吹着芦笙、笛子，成群结队来到村寨附近"游方"（男女青年的社交活动），村村寨寨欢声笑语，锣鼓喧天。

苗族

除了苗年之外，苗族一年之间各地共有数百次节日，比较普遍的有吃新（谷）节、芦笙节、四月八节、赶秋节、吃姊妹饭节、龙船节等。这些传统节日按照节庆功能来分类的话，大致可以分为六类。

第一类是纪念重大历史事件、英雄人物以及庆贺类的节日，如歌师节、龙舟节、四月八节等。龙舟节是在每年农历五月二十四至二十七日，是纪念伟大的爱国诗人屈原的节日。有学者论证屈原是苗族先民，虽仍有争议，但是并不影响苗族人民对于这位伟大爱国诗人的敬仰与悼念。此时的苗寨人人盛装打扮，云集江边进行龙舟比赛，在比赛前还有献祭活动。比赛开始后，苗家男儿驾驶着几十条龙舟破浪前进，两岸礼炮齐鸣，观众呐喊助威声如雷。岸上还会举行对歌、跳芦笙舞等活动。白天过去，人们余兴未尽，青年男女还会相聚对歌，倾诉真情。而四月八则是纪念民族首领的节日。"四月八"本是凤凰县一个小山头的名称，传说古代有一个名叫"亚宜"的苗族首领，领导苗民与残暴的统治者进行斗争。他曾组织各寨苗族头人在现在的"喝血坳"地方歃血盟誓，发誓要联合苗家各寨，与恶势力战斗到底，并约定四月八日在某山头聚众起义。起义后，义军连连获胜，一直打到了四川、贵州一带。到了第二年的四月八日，亚宜不幸战死。苗族人民为了纪念这位民族英雄，便于每年的四月八日这一天举行纪念活动，追思亚宜，同时为在战争中牺牲的战士们扫墓。

第二类是与农耕劳作有关系的节日，与苗族的农耕传统相关联，如看龙场、降龙节、吃新节等。看龙场是每年从农历三月谷雨那一天算起，第一辰日便是看龙日，看头龙这一天算起，过十二天又轮到一个辰日，叫做再逢看龙之日，

这时男女老少均休息一天，踊跃参加各项娱乐活动。若在这天干了农活，就属于犯忌讳。因此，苗族人民对于"看龙"的事，极为重视。另外，每年七月的第一个申日为酒节，按传统节令计算的话正是稻子收割的时候，这个节日的意思是收割糯稻，将粮食酿制成甜酒、米酒。

第三类与苗族的宗教观和尊崇祖先的传统有密切联系，是祭祀性节庆。如偏月（牛月或丑月）第一个丑日为社日，亦称龙头节，苗人祭土地神。六月六，源于苗族的远古遗俗，是苗族人民纪念六个男女祖先，希望自己也能生六男六女，繁衍后代的祭祖活动。每年的农历六月初六这一天，

凤凰县一带的苗族人民都要在山上聚集，举行盛大的歌会。邻近的花垣、吉首等县和贵州的松桃、铜仁等地的苗族人民也都前来参加，到会人数常常达两三万人，可见苗族人民对这一节庆的重视程度。

第四类为男女社交、恋爱、择偶类节庆。苗族青年男女在这些节日里盛装打扮，呼朋结伴一起去"赶场"，遇到中意的对象后互诉衷肠，交换信物表达情思。这与古代汉族对男女之事严格防范的做法极为不同，体现了苗族的浪漫自由天性，更表达了这个民族对美好爱情的追求与重视。每年当樱桃成熟之时，苗族就迎来了热闹非凡的樱桃会。苗山多栽植樱桃树，春季樱桃成熟之时，苗族青年男女便相约聚会在樱桃林中唱和山歌，进行社交活动。这种活动，在苗语叫做"柳比娃"，用汉语直译的意思是"摘樱桃"，以花垣县和保靖县一些苗寨最为盛行。红艳艳的樱桃挂满枝头，鲜艳欲滴，比樱桃更美丽的是一个个青年男女的姣好容颜，比樱桃更甜的是苗族人的纯洁爱情。

第五类是娱乐、歌舞类节庆。苗族是个能歌善舞的民族，农闲时，人们喜爱聚集在一起引吭高歌，你唱我和，尽情欢乐。这类节日如赶年场、清明歌会、三月三、七月七、赶秋场等。农历正月，湘西苗族人最热心的当属赶年场了，赶场的日期并不固定，各地可以自行确定。赶年场那天，男男女女，老老少少，一个个身着节日盛装，互相邀约去赶场。年场上，人山人海，熙熙攘攘。人们可以参加各种娱乐项目，或观看打秋千、舞狮子、玩龙灯、上刀梯等活动，青年男女也多利用这种机会，物色意中人，借机谈情说爱。歌郎歌娘更是在这个场合大显身手，引吭高歌，说古道今，互相唱和。他们或互相盘查，或相互祝贺，或叙述传统故事，或即兴演唱新词。演唱的人越唱越激烈，听的人越听越开心。即使大雪纷飞，数九寒冬，年场也要如期举行。七月七是苗族的传统鼓会，以吉首、矮寨坡、古丈穿洞一带最为流行。每年的农历七月七日，苗族人民便穿着一新，欢聚鼓场翩翩起舞。赶秋也是湘西苗族的大型喜庆节日之一。每年的"立秋"这一天，苗族人民都要停止农活，身穿节日盛装，邀友结伴，兴高采烈地从四面八方涌向秋场，参加或观看各种文娱活动。传统的秋场有吉

苗族

首县的矮寨场、花垣县的麻栗场、凤凰县的勾良山、泸溪县的潭溪和梁家潭等地。这一天，秋场上人群摩肩接踵，歌音袅袅，笑语盈盈，欢声笑语感染了周围的每一座山，每一方水。

第六类是物资交流、商业类节庆。苗族大多居住在山区，尤其是在古代交通极不方便，人们的物质交换与信息交流往往只能通过"赶场"的形式来进行，这就使得商业类活动与节庆结合起来。比如苗年时候的赶年场。当天，男女老少都身着节日盛装，成群结队去赶场。年场上，人们在欢度节日的同时进行着物质交换。有商业性质的节庆还有清明场等。清明场是湘西苗族特有的大型歌节，又称"清明歌会"。相传，因苗族多散居在偏僻的崇山峻岭之中，一切日常用品都必须到比较远的汉区赶场交换，常常受骗上当。所以，苗族人民便相约以清明节这一天作为自己的场期，互相交换物资，同时会见亲友。久而久之，便形成了今天的"清明歌会"了。清明歌会均有传统的中心会场，人们欢聚一堂载歌载舞的同时，互相交换着各自的需求，不少人带来香菇、木耳、兽皮、药材、干笋等土特产交换。

以上这些苗族节日都有自己独特的民族特色。除此之外，最有代表性的要数几年不遇的牯脏节了。之所以这么说，是因为这个节日最为古老、最为神奇。为什么说这个节日是几年不遇呢？牯脏节到底有什么神奇之处呢？牯脏节，又称鼓社节、拉鼓节、祭鼓节，是苗族地区盛大的传统祭祀节日。说它几年不遇，是因为各地节日的周期不尽相同，有3年、5年、7年、9年、11年、13年举行一次的，也有30年举行一次的。因为这个祭祀节日很隆重，耗资巨大，多数是11年或13年举行一次，节期一般在农历九月下旬至十一月上旬。在节前的前两年，属于同一个氏族的村寨要联合选出"鼓主"，俗称牯脏头。并不是人人都

能当鼓主的，必须由德高望重、儿孙满堂的老人来担此重任。鼓主主持筹备祭鼓的用品，首先是选祭祀用的牛，选好后要好好喂养，不能再用来做农活。农历八月时，挑选吉日将上一次祭祀时用的大鼓从藏鼓岩洞中请回村寨，放到祭祀用的鼓场，称为"醒鼓"。然后要重新造

一面新鼓，并将新鼓抬入藏鼓洞，宣布启用新鼓，废弃旧鼓。到了牯脏节，在鼓场杀掉早已选好的祭牛用来祭奠鼓，牛犄角连同头额骨一起作为主祭品。13 天后，欢聚在一起苗族群众要踩芦笙舞 7 至 9 天。平时不许启用的铜鼓，也要抬出来为歌舞伴奏，谓之跳铜鼓。节日里杀猪要说"亲吻大官"，拿刀来要说"拿叶子来"，用稻草烧猪要说成"拿被子给官盖"，吃饱了说

是"满仓满库"，开猪脑说是"开仓门"。总之，说话要取富贵吉祥之意。铜鼓场中央一般摆着两大缸米酒，两个小伙子捧着盛满酒的大牛角杯，用竹棍敲着牛角，在舞者中选择敬酒对象。被选中者要一饮而尽，且不能用手去接杯子，否则就得重新来过。这种饮酒法叫作"喂牛"，因为牛在苗族观念中是极受尊重的。牯脏节一般不轻易举行，因此，每当这个节日来临，为了观看这一神奇的传统节日，牯脏场上往往出现人山人海的盛况。

　　无论哪一个节日，苗族人民都极为看重。因此，每一次的节庆活动，几乎都能看到五彩缤纷的民族服饰，更有多姿多彩的民间娱乐活动，如荡秋千、飞歌、斗马、芦笙舞等，每一次节庆，都可谓是一场盛宴，精彩绝伦。

**苗
族**

五、独特的苗族文化与艺术

在中国古代典籍中，早就有关于五千多年前苗族先民的记载。由于独特的民族信仰与巫蛊文化，苗族在五千年的历史长河中，形成了以蝴蝶图腾为代表的民族文化，以浪漫、勤劳、坚毅为特征的文化体系。这个独特的文化体系，包括历法、口头文学、书面文学、音乐、舞蹈、绘画、武术等，不仅仅停留在纸张层面，而且渗透到这个民族生活的方方面面，最终形成了独特的民族文化印记，让人印象鲜明。

苗族是中国最古老的民族之一，也是最早定居的民族之一。远古时期，苗族文化科技十分发达，从近期发掘的苗族古历就可以看出。中国苗族古历的使用时限，上溯至少可达一万年，下限是清光绪三十三年（即公元1907年）。有学者考证认为：中国苗族古历体系属于阴阳历，以太阳历为主。苗族古历以十二生肖记时、日、月、岁，一岁365.25日，阳历平岁365日，闰岁366日。苗族古历，极大地丰富了中国与世界历法体系。

苗族没有文字，苗语属汉藏语系苗瑶语族苗语支，现今大部分苗族人通用汉文。由于没有文字，苗族的书面文学在历史上多用汉文来创作，数量微乎其微。与此同时，由于民间文学仅能以口头进行创作、表演和承传，因此口头文学就成了苗族文学最普遍的表现形式，其数量浩如烟海。在众多的口头文学中，又有诗歌、故事、寓言、谜语、笑话、顺口溜等形式。苗族诗歌讲求音韵，有

五言体、七言体、长短句。诗歌语言简练、和谐、匀称、通俗易懂，能表达丰富的思想感情，而具有很强的艺术感染力，是苗族民间文学的最重要表现形式，使用范围极广。按诗歌内容来细分的话，大致可以分为五种类型。

第一类为神话诗歌，也就是创世诗歌。这是一种很古老的神话故事歌，主要是叙述天地日月的起源，万物的产生。这类歌有《开天辟地歌》

《万物起源歌》等。

第二类为民族史诗，主要记载本民族的历史事件、历史人物等，具有史料价值。其中既有主要叙述人类的产生、民族的来源和迁徙的祖先歌，如《人类起源歌》《洪水滔天》等，也有在苗族中大量存在的迁徙歌。由于各地区都有自己的迁徙史，

所以每个地区的迁徙歌也有所不同。其中著名的有黔东南的《跋山涉水》，松桃、铜仁地区的《修相修玛》，黔西北的《杨鲁话》，贵阳地区的《格罗格桑》等。

第三类为社会诗歌，广泛反映了本民族社会生活的方方面面，尤其是政治生活。理歌、议榔词反映了苗族古代社会组织情况，主要是叙述各种社会伦理、行为规范，规劝人们去恶从善。反歌，也叫起义斗争歌，多是控诉旧社会的黑暗和歌颂人民的反抗斗争。如黔东南的《张秀眉之歌》、黔南的《柳天成》、黔西北的《陶新春》，都很有代表性。这类歌情调激昂，富于战斗精神。另外还有叙述阶级压迫和民族压迫的诗歌——苦歌。

第四类为劳动诗歌，多在农耕劳作中形成，各地都有。其中，以黔东南的最为完整，如《刺绣歌》《种棉歌》《纺纱织布歌》《蜡染歌》《造酒歌》《造船歌》等。主题思想积极，多是鼓励人们努力劳动、创造美好生活的作品。

第五类是婚恋情诗。情歌是青年男女谈情说爱时所唱的歌，用词含蓄优美，富于抒情。有表白式、问答式等，多是托物言情。苗族历史上经历了从母系氏族到父系氏族的变迁，这在婚恋诗歌上有比较清晰的表述。其中较著名的有各地普遍流传的《兄妹结婚》，黔东南的《开亲歌》《男妇出嫁》《换嫁歌》（讲述女子换男子出嫁），黔北遵义地区的《接女婿》《送亲歌》等。

苗族人男女老少都喜欢唱歌。靖州苗族地区素有"歌的海洋"之称，歌的内容丰富，题材广泛。说到苗族的音乐，就不得不提到两个名词：芦笙和飞歌。芦笙，是苗族最有代表性的传统管簧类乐器，古代在所有苗族中都很盛行，据说早在唐代就已在宫廷中流行。在过去，青年小伙子会不会吹芦笙，能不能跳芦笙舞甚至都成为姑娘们择偶的重要条件之一。芦笙音色明亮浑厚，男女均可

苗

族

吹奏。每当过年，婚嫁喜事，起房盖屋，人们总要手捧芦笙，载歌载舞，以此抒发自己的感情。苗族音乐，有民歌曲调、芦笙曲调、唢呐曲调和箫琴曲调等，其中最普遍的是民歌曲调和芦笙曲调。芦笙曲调是苗族音乐中最有代表性的曲调，往往因地而异。苗族音乐曲调大多是承袭传统唱法，歌手的主要成就不在于曲调的更新，而在于歌词的创作修饰与提高，所以曲调的变化很少。各地都有著名的歌师，有史歌、情歌、丧歌、飞歌、酒歌、游方歌（又叫马郎歌）、理俗歌、祭祀歌、儿歌等种类。以苗族情歌来说，又是千变万化的。在不同的地方，苗族情歌有不同的称谓，为坐花坡、坐姑娘、走月亮等。青年男女在游方的时候，视谈情说爱的不同阶段，演唱不同的曲调，有谦虚、谨慎、调子轻盈的见面调，有泼辣、幽默的挑逗调，有风趣机智的问答调，有夸张、讽喻的褒贬调，有细腻、婉转、含蓄的深夜调，有庄重、深情的钟情调等。传统曲调有舞曲、代歌曲、问讯曲、祭祀曲等几种，每种又有若干曲牌。舞曲的节奏较轻快，给人以明显的抑扬顿挫之感。代歌曲曲调柔和婉转，带有尾声。问讯曲曲调缓慢，节奏明朗。除芦笙外，还有唢呐、芒筒、琴、箫、笛、锣、鼓。唢呐各地都普遍使用，并配有大号和皮鼓。在松桃、铜仁、思南地区，唢呐使用较广，是这一带苗族代表性的乐器，节日、喜庆时多喜吹奏，有三十多个曲牌，其他地区主要是办丧事吹奏丧歌时使用。芒筒，流行于雷山、丹寨等县，其构造是用独管安上铜簧，穿入竹筒即成。大的用树干挖空而成，长约六尺，直径约六七寸，小的用二三尺长、直径约三四寸的竹筒做成，吹奏起来起到低沉音响作用。箫、笛、系用单枝小竹做成，一般只有五音。铜鼓，除松桃、铜仁、

思南等地已不用外，其他地区仍然使用，以雷山、台江、麻江、平塘等县为多。琴，在苗族中不普遍，只威宁、台江有月琴，丹寨地区有古瓢琴。贵州西部还有竹制的口琴，长约三寸。锣、鼓，各地普遍有，大小不一，多在节日时使用。

苗族是能歌善舞民族，民间舞蹈有芦笙舞、铜鼓舞、木鼓舞、湘西鼓舞、板凳舞和古瓢舞等，尤以芦笙舞流传最广。贵州的丹寨、台江、黄平、雷山、凯里、大方、水城，以及广西融水

等地，在每年正月十五、三月三、九月九等传统节日和过年、祭祖、造房、丰收、迎亲、嫁娶等喜庆节日，都要举行芦笙舞会。苗语称"究给"，关于芦笙舞的起源，苗族有个美妙的传说。相传盘古开天辟地之时，大地一片荒凉。那时，苗族祖先是靠狩猎飞禽走兽生存，为了解决捕获鸟兽的困难，一个心灵手巧的小伙子，在林中砍下树木和竹子，做了支芦笙模仿鸟兽的鸣叫和动作，吹

奏并且跳起来以引诱各类鸟兽。从此，人们每出猎均有所获，大大提高了生活质量，于是芦笙舞就成了生活的必需而世代相传。这个传说，与流传着的众多模拟鸟兽鸣叫和形态的芦笙曲调及舞蹈动作相吻合，关于芦笙舞活动的历史，过去文献中多有涉及。明清以来，更广见于文献和志书之中。足见芦笙舞早已是苗族人民传统节日活动的重要内容，而且已经风靡一时了。芦笙舞舞步以四步为多，也有二步、三步、六步、蹭步、跳步、点步以及左右旋转等跳法。它具有宗教、民俗和文化娱乐等多种功能，在苗族人民的社会生活中起着不同的作用。按其活动内容和性质，一般可分为自娱性、习俗性、表演性、祭祀性以及礼仪性这五种。在苗族的自娱性舞蹈中，有头戴银冠、身着彩条长裙模仿锦鸡动态的《锦鸡舞》；头戴羽冠、模仿雉鸡相斗、跳跃、嬉戏等含有杂技技巧的男子双人《芦笙舞》；源于妇女刺绣、搓麻等家务劳动的《板凳舞》等。

苗

族

另外一种深受苗族人民喜爱的舞蹈是一边击鼓一边舞蹈的鼓舞。这种鼓是木头制成的，用牛皮蒙住两面，击打时要放在架子上。苗族鼓舞主要分布于湖南西部和贵州东南部清水江流域一带。由于长期分散居住，以及语言、服饰、风习方面的差异，各地鼓舞风格特点和形式各不相同。各种形式的鼓舞，在不同的历史阶段各有不同功能，在社会生活中发挥着自己的作用。如原来的"木鼓舞"，仅为祭祀祖先、祈神禳灾、娱神、娱祖灵所用，"调鼓"则主要用于丧葬仪式告慰亡灵，"团圆鼓舞""踩鼓舞""花鼓舞"等，主要是在每年春节和隆重的传统节日中娱乐。如今，都演变为节庆活动和人们劳动之余不可缺少的一种文化娱乐形式。

湘西苗族武术的历史源远流长。它是一种以提高搏斗技能为主旨而又能"健体延寿"的全能运动，是湘西苗族民间传统体育项目之一。苗族武术起源的主要原因是战争。人们为了提高格斗、械斗的技能和技巧，寻找一些方法与形式，湘西一带苗族称之为"舞拳舞棍"。在苗区，"舞拳舞棍"经久为习俗，蔚然成风。武术，苗语为"勾动"。它和"劳动生产""功夫""技术"属同音异义。谁的武艺好，则称谁为"汝勾动"。

六、火塘边的婚恋与民俗

苗家的晚上，

最迷人的是火塘，

弹起那琵琶，琴声在火塘边飞扬。

跳动的火苗，

伴随我们把歌唱。

迷人的火塘，

迷人的火塘，

啊，

点燃了苗家欢乐的时光。

听着这乐曲，陶醉在苗族小伙动人的芦笙里，炫目于苗族姑娘旋转的倩影中，踏上苗疆，呼吸的每一丝空气，都带着浓浓的苗乡民俗情。苗族社会从历史上遗留下来的许多民族风俗习惯别具一格，饶有风味，构成了中华民族文化灿烂的一页。为什么郎情妾意要经过"踩妹脚"？什么是"聪明卡"？青年男女约会的暗号是什么？光是听到这些苗家民俗独有的词汇就已经深深地被吸引了。

苗族的婚恋极有特色，恋爱风气比较自由，男女双方可以相亲相爱定下婚约，但结婚要由家长做主，苗族男女的婚恋往往有"歌为媒"的说法。

三月三，也是苗族男女择偶的日子。这一天，男女青年盛装来到山坡上，对唱情歌，相中的，可以一同夜游。湘西苗族姑娘初次外出结交男朋友苗语称"讲链讲规"或"溜比溜苟"，直接翻译就是"放鹰放鹞"和"采果摘籽"。小伙子结交姑娘叫"帮链帮规"或"溜背溜喜"，直接翻译就是"打鹰打鹞"和"攀花摘卉"。湘西苗族青年幽会有暗号和密码，这就是"草标"。双方只要看到草标，就知道各自的行踪。初相会时，女方如先到达约会地点，必先在约会地点的路口留下一个草标。这个草标的含义只有赴约会的情人知道，有如密码一般的

神奇功力。一把草上结个疙瘩，疙瘩结在草尖上，草根朝幽会的方向，则暗示一方先到，示意对方快来。后者看到这个草标，必须留下一个草标，疙瘩结在草的中部。这后面一个草标暗示过路者，山中有情人幽会，请走大路。行人见了这样的草标，一般都会避开，以免撞见别人的幽会。广西融水一带的苗族青年，盛行"种花生"这个交往活动。走寨时，小伙子们向姑娘发出邀请，确定时间地点之后，姑娘们就会按照时间来到小伙子的村寨，他们带着农具和肥料，上山种花生，期间男女青年谈笑风生，边劳动边对唱山歌，互相接触试探。花生种子播下后，等苗长高时，双方又要组织一次施肥除草活动，其实是为了创造一次见面机会，这时大家开始物色对象谈恋爱。第三次是秋收花生时，大家相邀收花生并聚餐，相好的在一起讲悄悄话，还没有对象的赶紧抓住这最后一次机会。

　　苗族的婚姻一般分包办婚姻和自由婚姻两种。男女初次交友，一般都不会告诉父母，等到恋爱关系确定后，便由男方派媒人到女方家说亲，双方父母开始商议结婚条件，女子如无兄弟，男方必须来女方家入赘，直至二老丧终；如有兄弟，男方也必须入赘二、三年，因为在苗族人看来，女婿入赘是报恩，不能省免的。苗族的婚礼，分别在男女所在村寨分两次举行。一般先在女方举行。新郎来到女方村寨时，往往要受到许多刁难。如女方村寨中的男女老少排队在村口，和新郎对歌，对了歌才能通过。新郎还要向人们撒"开路钱"或散发喜烟，有的村寨的姑娘故意在村口拉起绳子，新郎必须向姑娘们交"开寨费"才能进入。人们还会一路上向新郎敬酒，让他不胜酒力，出洋相取乐。进入村寨后，新郎一行人便选定村中一"落脚点"，等待举行迎亲仪式。傍晚时分，女方家举行隆重热烈的迎亲仪式，村里的小伙子姑娘们身着盛装，夹道欢迎送亲队伍。在粉枪和鞭炮声中，新郎与送亲人员在媒人带领下，步行到女方家门口。而后，席地摆酒庆贺，这是婚礼的高潮。婚礼完毕，男方便到女方家入赘，女婿必须勤俭持家，孝敬父母。从此，开始新的生活。湘西苗族的婚姻风俗又有所不同。婚期大多是由男家择定后委媒人于事前几个月通知女家。婚期临近，女方全村或全姓的姑娘们，大家共同聚餐，以示送别新娘，称为"朋友饭"。出嫁当天，女家需派出三种送亲人：一是新娘的朋友，为13—16岁的未婚姑娘，需盛装同新娘前往；二是新娘的亲兄弟和家族中的中、青年男子9—15人，与新娘同去同返；三是有三四个15岁左右的男子，护送新娘到男方村寨附近。新娘到婆家短住几天就转回娘家，直到来年二月才到夫家，反复两三年后，才举行"煮饭"仪式。从今以后，她就不能再接触娘家的锅灶了，再也不能住到娘家了。所以，也有苗族男女"恋爱自由圆房难"的说法。

丧葬所包容的文化内涵十分丰富，其包括丧葬观念、丧葬习俗、丧葬形式、墓葬类别及与此有关的哲学观、生死观、历史观等等，从这个意义上说，一个生命的结束会成就一种文化，埋在深山人未知的墓葬昭示着远古的信息，由此，我们可以倾听到苗族远古的声音。苗族将丧葬分为正常死亡和非正常死亡两类，并用不同葬法和仪式。正常死亡的人，大都实行土葬，也有悬棺木葬、树葬等。苗族古代的悬棺葬和岩棺葬，是把棺木置于临江河的悬崖绝壁之上，或者利用在山脚、山腰有村寨附近的天然洞穴，或者人工凿空安桩以置棺木，一般是一个家族共用一个岩洞。现在这些古老的葬式在湖南沅江和酉水沿岸，贵州黔南和黔中等苗族先民曾聚居的地方均有大量的发现。自近代以来，苗族各地实行土葬。其中有用木棺、石棺的，也有不用棺的；有横葬也有顺葬的。各地丧葬形式和过程也不完全一致。对于凶杀、自缢、摔死、难产死的人，都实行火葬，一般是用木板或杉木皮抬到规定的地点去火葬，不留骨灰，也不设"灵魂寄宿所"。但产妇因死于家中，又有小孩，可以用棺殓焚化。

丧葬习俗各地有所不同，但大多数是按照一定的程序进行。当病人与世长辞后，全家人都向死者放声大哭，并头披白布和麻；由一男子出门外鸣三枪报丧。邻居闻讯后，每家都自觉由一男子带上一升米到丧家帮忙；女婿和舅姑家也都送七尺黑布、香烛等表示哀悼，此谓报丧。由同性人替死者换衣，先用一尺长三寸宽的白布巾擦身，然后把白布巾挂在堂屋的中柱上，替死者换上里白外黑的单层寿服。然后准备办丧事，请巫师择定出殡日期、选择墓地、为死者招魂等，这是停尸。吊丧，苗族有些地方在出殡前举行，有些地

方则是安葬完举行。如贵州凯里一带苗族把死者安葬后，又请三亲六戚来吊丧。死者女儿不回来，但礼物要重于其他亲友。一般要送丧家粮食、酒、钱等。进餐后，客人回家时，也要在沿途桥上插香，在岔道口放纸钱，表示也请亡灵到家中做客。出殡是丧家人及亲友向死者最后告别仪式。在黔东地区，大多是把棺材放在门外，出殡时先脚后头把尸体抬出放入棺木中。然后抬棺上山，只是由男人送葬，女人送到村边止步。抬棺时，前两人是死者的二三女婿或侄女婿；后两人是儿子或侄子；大女婿留在家收拾尸衣及地铺上的稻草等，并拿去村边焚烧。送葬队伍排列是孝子在前；其后是肩扛大马刀、嘴不时念咒的巫师，接着是抬棺的人群，最后是丧家其他人和来送葬的亲友。当吊丧客人走后，丧家还要举行焚巾仪式，即取出死者洁身的白布交给巫师，设一香案，摆上酒肉、糯米饭等，由巫师用悲痛的曲调念诵焚巾词，赞颂死者的生平事迹，并送亡灵去姜央。颂毕，焚烧洁身白布巾。此外，葬后第三天，由死者的长子把亡灵带到女儿家做客，再带回来看自家的田园庄稼，希望亡灵保佑丰收。丧葬仪式，到此全部结束。

值得一提的是纳雍苗家的"诉姑妈话"，诉姑妈话是舅家在祭奠死者时，请歌师代表舅家唱悼念姑妈的歌曲。有的要唱几个小时。其主要内容是追述姑妈在世时如何勤劳，现在凄然去世，留下无限哀思等等。例如歌词中唱道：

开了天，天地分明；

劈了地，地才亮清。

姑妈在世时，

生是人家人，

姑妈去世了，

肉像瓜叶烂，

骨头像包谷秆断根。

这可能是古代孝家和舅家的一种对立谈判的遗迹，其中包含着舅权制的内容，例如有这样一段对话：

舅家：

我来到园子边，

我姑妈还正扫地；

我来到大路旁，

我姑妈还在理家。

我姑妈在世时，

你们不通知我她病的消息，

现在才告诉我已经过世？

孝家：

我用一把有三个口子的锄头，

用一把有三页刃片的砍刀，

急忙劈着路，急忙修起道；

点一把九排（长度单位）长的火把，

去寻找舅父。

再看一段对话：

舅家：

家中没有银棺材，

家中没有金棺材，

等你家中有了银棺材，

丧事的礼规才全；

等你家中备了金棺材，

丧事的礼规才能完。

孝家：

我家没有银棺材，

用杉树代替银棺材；

我屋里没有金棺材，

刺楸树代替金棺材。

丧事的礼规很多，

我们办不周到，

请舅父原谅。

总之，管事和舅家代言人的对话比较

苗

族

长，舅家把办丧事所需的大小用具都问是否准备，直到完全有所答复后，双方将自己所持的木棍交换，舅家将管事所持的木棍丢在火里烧了，对话才结束。这种对话，有的地方甚至是在路边等客时进行的。这些歌谣，在一定程度上反映了苗族丧葬的习惯与人文风俗。

苗族普遍实行以父系为中心的小家庭制。家庭成员以两代或三代同住者居多，四世同堂的很少。多数是儿子成年结婚以后，就与父母分居另立自己的小家庭。父母多同幼子或自己最喜爱的儿子一起生活。在苗族家庭中，男性家长有较大权力，女性家长次之，财产只有男性家庭成员才具有继承权。男子成年分居时，除留一部分财产给父母做"养老田"外，其余均由儿子继承。如果一家里有几个儿子，就实行平均分配，没有长子继承制，女儿也没有继承权。有些苗族地区的习俗里，前妻的长子可以多分点，但没有形成制度。有的地方，如黔东南地区的部分苗族中，对于未出嫁的姑娘也分给小部分田产，供其做生活开支，叫"姑娘田"，由其同住父母或兄弟掌管。但姑娘出嫁后便无权享受了，也有的地方是要等到姑娘死后再收回这部分财产。入赘的女婿有财产继承权。寡妇若不另嫁，也可继承亡夫家产，如果改嫁了，则由亡夫的儿子继承家产。

苗族直系亲属与旁系亲属的关系一般比较亲密，只有很轻微的远近亲疏之分。每一个家族都互相帮助，互相扶持。在家族同辈成员中，不分直系旁系和远近，都以兄弟姐妹相称。对于父辈者，均以叔伯父母称呼。对于祖父同辈的人，均以祖父或祖母称呼。对于祖父以上的辈分，都以老祖父、老祖母称呼。对于后辈，一般是直呼其名。苗族很讲究家教家规，对父母要孝敬恭顺，对兄弟姐妹要友爱，尊重长辈，爱护晚辈，是传统美德。叔嫂之间不能越伦，长辈不能对儿媳、孙媳开玩笑，同样的，晚辈也不可以在长辈面前举止轻浮。苗族十分重视家族观念，家教家规比较传统。在日常生活中，苗族人互相关心，互相帮助，若某家有了困难，则举族相助。如果两家人产生了矛盾纷争，则视其大小，小事则批评劝解，大事则由族中有威望的长辈召集族人开会公议。家族中，团结对外的观念也很强。苗族家族过去都有自己的姓氏，即苗姓。它起源于古代氏族，一般称为某某支或者某某分支，有的支以首领名字命名，有的支以动物名、地名命名。为了便于追溯族谱，个人给孩子取名时多采用父子连名制，按照姓名顺序上溯，一般可以追溯到本支家族的起源。父子连名制是子名在前，父名在后，也有个别加连祖父名。例如：父名保，子名石，则取名石保，如果祖父名林，连起来就成了石保林。这是一般直系血统的成年人正式起名方式，小孩子起小名就不用这种方法了。有些地区对于起名很重视，例如安顺地区的苗族，起名时要到藏有神鼓的人家举行仪式，并且要办酒席招待，于席间起名。紫云地区的取名则要办盛大的宴席，用许多四方形的高大桌子相连，从屋子一直摆到屋外的院子里，本家族的人坐在一边，岳父家族的人坐在另外一边。

苗族

七、吊脚楼里的诱人美食

苗乡，一个颇带些诗意的名字,已为越来越多的人提及,为越来越多的人神往。在黔东南满目葱翠的绿野中,这个深藏在苗岭山脉中的千户苗寨,层层叠叠,顺势而上,在大山深处排列出奇伟的民居群落,为现代人展示出一道古老沧桑的景观。一个行走的民族几百年风雨兼程,最终将颠沛流离的脚步定格在雷公山麓、白水河畔,同时造就了奇特的生活情态和最适宜生存的居住场所,那恍如天市的楼阁,吸引着众多关注的目光,那蜿蜒向上的阶梯,引领着探访者的脚步。人们禁不住要走近它,去触摸温暖的自然木质,端详奇特的建筑结构,从中感受天人合一的悠闲与自在,体味一个民族的智慧与创造。

苗族先人从树栖穴居生活中走出来之后,造屋家居就是一件大事。苗族古歌唱道："固芳老公公,要种树盖屋,养优作师傅,闪电当尺量,太阳牵墨线,弹墨直又长。"在这古歌中,古时苗民建屋造房的情景历历在目。雷山苗族的先人迁徙过来以后,继承先人的居安与美观理念,根据所处的地理环境,将祖先的造房艺术发扬光大,村村寨寨,楼房幢幢,构成了特别诱人的景观。这些房屋与周围林木幽深的环境天然般和谐,它体现了苗民们对艰险人生的从容和节约使用土地的观念和智慧;它是凝固了几千年苗民生活历程的史诗,又保存和积淀了几千年苗族建筑的精湛艺术,传达了苗族文化中的审美追求。在凯里地区的苗族山寨,苗家人居住的多是吊脚楼。这是因为苗族大多居住在高寒山区,山高坡陡,平整、开挖地基极不容易,加上天气阴雨多变,潮湿多雾,砖屋底层地气很重,不宜起居。所以苗族人民构筑了一种木楼,通风性能极好,居住干爽舒适,叫"吊脚楼"。苗族的吊脚楼被建筑界赞誉为"民族建筑之瑰宝"。这些吊脚楼,都是由苗族工匠自己设计、建造,材料为当地盛产的木材,不用一钉一铆,全靠木尖锁眼架牢,既实用又美观。苗族的吊脚楼大多属于半干栏式建筑,所谓干栏式建筑,实际上是对"人处其上,畜产居下"的居住建筑的通称。苗族的吊脚楼建在斜坡上，把地削成一个"厂"字形的土台，土台下用长木柱支撑，按土台高度取其一段装上穿枋和横梁，与土台平行。吊脚楼低的七八米，高者十三四米，占地十二三个平方米。屋顶除少数用杉木皮盖之外，大多盖青瓦，平顺严密，大方整齐。苗族有句谚语："人生有两件大难事，即房子难建，媳妇难接。"可见，吊脚楼的建造对苗族人民的生活有多么重要的意义。首先是选址，村民们认为选址是关系到子孙后代是否安康、富贵的事情，所以，整个选址过程显得神秘、庄重。主人家确定要修建房子后，都要先请个风水先生来看看。通过风水先生的指点，确定某一地为预选地基之后，还要进行一项重要的占卜活动，其做法十分奇特：即从预选地中，捏一团拳头大小的泥巴，置于酿制好的甜米酒的陶坛内，数日后（大约为一周），开坛审视，如米酒甘甜可口，则基本定下该地，若是变酸发臭，则弃之另选。比较有趣的是，这一切活动都是秘密地进行，不能透露半点风声。选好地址后，开始选择建筑材料，苗族人民一般多以枫木、杉木等为原料。喜用枫木是因为苗族人民认为枫木与本民族始祖的来由和万物的来源有关，这可以在苗族地区广为流传的苗族古歌《枫木歌》中得到印证。建造时间也是有很多讲究的，一般是在盛夏农闲时储备建筑材料并进行初步加工，到了冬季才择吉利的日子开始动工立柱。立柱前需要一个主持大局的人，这个人一般为主要的木匠师傅担任，并且要进行祭祀活动。苗族人立柱少则一个家族来帮忙，多则整个村寨。这体现了苗族人民的团结互助精神，这种精神正是在苗族长期的迁徙过程中所形成的。

除吊脚楼外，还有部分苗族居住在平地房和"叉叉房"中。在黔东湘西一些地势较为平坦的地区，苗族的房屋建筑一般为落地式平房，中柱直接建立在平坦的地上，没有吊脚。房屋为五柱七瓜三排、七柱九瓜三排不等，以三层为主，第一层即落地层，左右两排为日常生活之用，进伸二或三间，中间排为中堂，后为神龛。左后一间通常为茶中，为向火、煮饭之用，前两间为主人卧室或客房。平地房的厨房一般设在正房的一边，另起一小偏房。二楼前面的全为客房，后面的全为储存谷物等储藏室。三

苗族

楼为放置一些杂物之用。一般家禽都在离房屋几米的周围，而牛圈羊舍则更远些。滇东北、黔西北等地的部分苗族，过去住的是一种非常简陋的"叉叉房"。此房屋一般不筑地基，只需将地面略加平整就可以了。屋架多用未经剥皮的天然树干和树枝叉绑扎组成。四壁和屋顶夹茅草、树叶和树皮，有的围以竹篱笆。现在，这种"叉叉房"已经很少见了。此外，独特的水上

粮仓也是苗寨古建筑中的一大奇观。水上粮仓一般建在苗族村子的中间位置，群仓排列有序、错落有致，在鳞次栉比的吊脚木楼的衬映下，更显风格。整个水上谷仓，全杉木结构，各仓的立柱，也大小不一，仓柱胸径大的35厘米以上，小的也有30厘米左右。柱选用方石垫脚，岩石垫脚需超出水面。水塘上诸仓，不少经年日久，木柱脚外层已朽成倒瓶颈模样，可柱心仍然坚固鼎立。为何把粮仓建在水上？据说，其优越性在于防鼠、防火、防盗。因为水上粮仓集中，村里人早晚都在周围活动，在村民的看护之下，失盗很少发生。仓在水上，耗子望尘莫及，又因寨子均为木房，一旦失火，粮仓丝毫无损。水上粮仓优越性很多，村民世世代代保仓而用。如今它已成为吸引诸多民族、民俗学者、建筑艺术学者、旅游者前往光顾的一道风景线。

苗族人民世代生活在吊脚楼里，他们拥有自己的作息饮食习惯，这与当地的生存环境是息息相关的。苗家饮食最大的特点就在于一个字：酸！历史上，黔东南地区严重缺盐，只得用酸与辣来调味，可见酸食习俗，实非偶然，它是地理环境、气候条件、物产资料及人的生理需要等多种因素综合的产物。黔东中地区气候潮湿，多烟瘴，流行腹泻、痢疾等疾病，嗜酸不但可以提高食欲，还可以帮助消化和止泻。难怪当地乡谚说"三天不吃酸，走路打捞川"（指走路打趔趄的意思）。因此，每家每户都少不了几个酸坛子：酸水坛、醋水坛、腌菜坛、腌鱼坛、腌肉坛，还流传着"三月腌菜，八月腌鱼，正月腌肉"和"坛不下，菜不烂"等关于酸食的腌制季节和保存方法的俗语。酸味食品主要有酸汤、酸菜、腌酸鱼、牛肉酸、猪肉酸、酸辣子、酸萝卜、青菜酸、豆类酸等。有首称赞苗家酸汤鱼的苗族民歌中这样唱道：最白最白的，要数冬天雪；最甜

最甜的，要数糖甘蔗；最香最香的，要数酸汤鱼。"可见，酸汤鱼真可谓是苗族人民的传统佳肴了，尤其是贵州凯里地区的酸汤鱼，更是远近驰名。

苗族居住的许多地区素有"鱼米之乡"的美誉，自古不少民族就以善种水稻著称，大米是其主食。他们除了一般的蒸煮之外，还有许多不同的制作方法，如香竹饭、饵块、米线、米干、粽子、粑粑、炒米，等等。炸食品以油炸粑粑最为常见，油炸粑粑是先把黏米和少量的黄豆浸泡后，打成浆状，再把打好的稠浆舀入铁皮制成的模具内放入滚油中炸，呈金黄色即可，再加一些鲜肉和酸菜做馅，味道更为鲜美。苗家的米粥也很出名，苗家鸡稀饭，被众多人士誉为"营养粥"。这种稀饭营养丰富，味道鲜美，纯正。通常在苗家过年节、妇女生孩子、待客迎朋友的时候，都会以此为佳肴。另外还有五色糯米饭，五色糯米饭分红、黄、绿、白、黑五色。红、绿、黑色均取用三种树叶汁的天然色素，黄色取用黄饭花的花冠熬出来的天然色素，几种植物色素清香无比，白色用糯米饭洁白的本色。是苗族人民的吉祥物，表示生活像百花灿烂，它还是苗族儿女们表情示爱的一种情物等。

苗族的烹饪方法较多，最常见的有煮、炖、蒸、炸、醋、烤、烧、烘、舂、生食、腌、炒等，其中又以烧、烤、舂、醋、生食、腌为特色。肉食多来自家畜、家禽饲养，四川、云南等地的苗族喜吃狗肉，有"苗族的狗，彝族的酒"之说。狗肉性热，有暖腹健胃，强食滋补的作用。苗家的食用油除动物油外，多是茶油和菜油。以辣椒为主要调味品，有的地区甚至有"无辣不成菜"之说。苗族的菜肴种类繁多，常见的蔬菜有豆类、瓜类和青菜、萝卜，大部分苗族都善作豆制品。住在高寒山区的苗族，喜欢用白水将蔬菜煮着吃。四川的苗族还把豆浆做成豆花，用以待客。

苗族的日常饮品以油茶为主，把玉米、黄豆、蚕豆、红薯片、麦粉团、芝麻、糯米分别炒熟，用茶油炸一下，存放起来。客人到来，将各种炸品及盐、蒜、胡椒粉放入碗中，用沸茶水冲开。客人必须连喝四碗。喝茶时，如果客人不想喝了，就把一根筷子架在碗上即可，否则主人会一直请你喝下去。湘西苗族

还特制有一种万花茶。用冬瓜、橘子、南瓜一类的瓜果雕成花、鸟、禽、鱼等形状，经过数道工序制成香、脆、甜的食物。饮用时，取几块放入杯中，冲入沸水。酸汤也是常见的饮料。苗族人普遍喜欢喝酒，"无酒不成礼"已是他们遵守的礼仪，酒是待客议事、婚丧嫁娶、起房建屋、逢年过节的必备品。苗家的酒主要有白酒、甜酒、刺梨酒、泡酒等。白酒即土酒，苗家人常饮，以大米、糯米、玉米、高粱等为原料酿制。苗家饮酒，多因时间、地点和对象的不同而有不同的称呼，如"拦路酒""进门酒""嫁别酒""迎客酒""送客酒""双杯酒""交杯酒""半路酒""转转酒""贺儿酒""平伙酒""酬劳酒""慰问酒""鸡血酒""陪葬酒"等等。苗族人还极为讲究待客的饮酒礼节，如主人向客人敬酒要敬两杯，谓"两条腿走路"，敬酒者双手端杯，按正、反方向敬两周，敬到最后一人时，双方交杯对饮；又如以牛角杯敬酒，用牛角盛酒敬客，是隆重的待客方式。客人如不喝完，则杯倒酒淌，使人不能不喝。在长期的历史发展和生活实践中，苗族人民形成了独具特色的酒文化。日常待客时，男女客人分开吃。长者先开杯，佳肴必先敬客。吃鸡时，鸡翅敬客人，鸡头归长者，鸡爪归小孩吃，此外还有分鸡心的风俗，将鸡心分给尊贵的客人以表达尊重之情。一家之客也是全寨之客，各家争相宴请。由此可见苗族人民的热情好客。

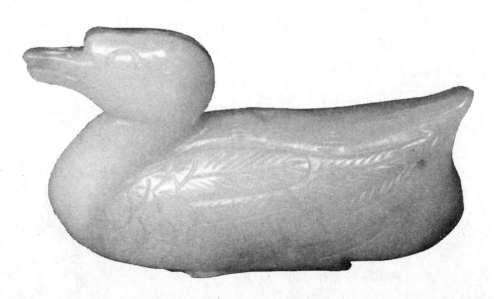

中国民族（一）